JN218269

作って学ぶ実践プログラミング練習帳

石原 正雄◉著

HAUNT WORKS STUDIO／原本優莉◉協力

CUTT
カットシステム

Scratch is developed by the Lifelong Kindergarten Group at the MIT Media Lab. See http://scratch.mit.edu

スクラッチは MIT（マサチューセッツ工科大学）メディアラボ ライフロング キンダーガーテンによって開発されました。詳細は http://scratch.mit.edu をご参照ください。

- 本書の内容についてのご意見、ご質問は、お名前、ご連絡先を明記のうえ、小社出版部宛文書（郵送または E-mail）でお送りください。
- 電話によるお問い合わせはお受けできません。
- 本書の解説範囲を越える内容のご質問や、本書の内容と無関係なご質問にはお答えできません。
- 匿名のフリーメールアドレスからのお問い合わせには返信しかねます。

この本のねらい

スキーを学ぶのに一番よい方法はどんなことでしょうか？

図書館で「スキーの滑り方」を何冊も借りて読むことでしょうか？
それともスキーの上手な人に話を聞くことでしょうか？
あるいはスキー場まで出かけて行って滑って格好よく滑っている人をじっと観察することでしょうか？

どれも助けにはなりますが、それではスキーを滑ることはできませんね。スキーが滑れるようになるただ一つの方法は実際にゲレンデに出て滑ってみることです。
プログラミングもこれに似ています。どれだけ丁寧に、面白く、カラフルに書かれた解説書を読んでみても自分で作ってみることなしにプログラミングができるようにはなりません。
この本はスクラッチというとても使いやすいプログラミングソフトウェアを使いながら、とにかくプログラムを作ることでプログラミングに慣れていきましょう、そして気がついたらプログラムを作ることが楽しくてやめられなくなっていた、というふうになってほしいという願いで書かれたものです。

誰にこの本を使ってほしいか？　どんなふうに活用できるか？

この本は小学生から大人まで、プログラミングに興味のある人ならだれでも使ってみてください。

- 家庭での利用：小学生なら兄弟や保護者と一緒に少しずつ楽しみながらチャレンジに挑戦しましょう。

- 学校での利用：本書は全体が 30 単元となっています。全体の構成はスクラッチの命令カテゴリーごとにチャレンジを用意して後半に行くほどいろいろな命令を組み合わせた複雑なチャレンジとなるようになっています。プログラミング教育の授業などで進度に合わせて活用ください。

- プログラミング教室：生徒がパソコンにアクセスできる環境であれば、マイペースでサンプルを入力しながら段階を追ってプログラミングに習熟していくことができます。自立学習の教材としても活用いただけます。

- 地域のボランティア活動：参加者がそれぞれ自分の興味やレベルに合わせてチャレンジを選ぶことができます。小グループでの学習では、発展課題を中心に参加者同士で議論したり、追加アイデアを話し合いながら進める教材として活用いただけます。

目次

01 スクラッチとは？

スクラッチという名前は 2 つのものを指しています。一つはプログラミング言語のこと、もう一つはそのプログラミング言語を使って作った作品（ゲーム、物語、アニメなど）を子供達どうしが自由にやりとりできるようにしたオンラインコミュニティのことです。この本でいうスクラッチとはプログラミング言語のことです。スクラッチを使って作品づくりをすることで子供たちはクリエイティブに考え、仲間と一緒に目的を持って取り組み、体系的に思考することを学びます。

スクラッチを開発したのは MIT（マサチューセッツ工科大学）のライフロング・キンダーガーテン（生涯にわたる幼稚園）という研究所です。

スクラッチでできること

スクラッチはたいへん使いやすく作られていますが、それだけではなくて面白い作品を作るのに必要なたくさんの機能を備えています。ゲームや音楽、物語やアニメーションなどあなたのアイデア次第でいろいろな作品を作ることができます。

スクラッチの長所

スクラッチには、ほかのプログラミング言語にはないいくつもの長所があります。

(1) 使いやすい。命令ブロックを配置していくだけで誰でも簡単にプログラムを作ることができます。

(2) パワフル。絵を描く、音を鳴らす、アニメを作る、ビデオやカメラを使う、録音する、キーボードやマウスを使う。どんなことでも自分の作品の中ですることができます。そして使い方はどれもたいへん簡単です。

(3) 仲間と一緒に作る。スクラッチ・オンライン・コミュニティに加わることで世界中のスクラッチユーザとつながって、お互いの作品を見せ合ったり、アイデアを交換したりすることができます。スクラッチを通して新しい友達が見つかるかもしれません。

本書をさらに活用するために

- 手引書「スクラッチ 2.0 アイデアブック」(ISBN:978-4-87783-340-4)
  スクラッチを使ったプログラミングを詳しく学ぶことができます。本書はこの手引書に沿った内容で構成されています。
- BBC micro:bit または互換機
  BBC（英国放送協会）によって開発された、教育用シングルボードコンピュータです。加速度センサー、磁気センサー、25 個の LED、Bluetooh 通信などが使えます。現在のスクラッチの次のバージョンである、スクラッチ 3.0 で正式に対応する予定ですが、いくつかの機能はスクラッチ 3.0 ベータ版でも使えます。

スクラッチのプログラム作成

スクラッチでプログラミングをするには 2 つの方法があります。1 つはネットに接続したパソコンでスクラッチのサイトをオープンして、オンラインでプログラミングをすること。もう 1 つは「オフラインエディタ」というソフトウェアをダウンロードしてプログラミングすることです。この本ではオンライン版を使って説明していきます。

スクラッチのサイトを開いたところを次に示します。上のブルーのメニューにある「作る」をクリックするとプログラミングをするためのページが開きます。

物語やゲーム、アニメーションを作って
世界中の人と共有しあいましょう

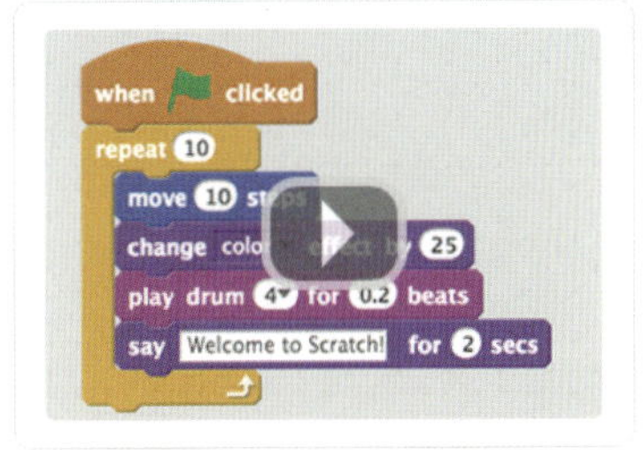

32,415,333 プロジェクトが共有されているクリエイティブ・ラーニング・コミュニティ

Scratchについて | 教育関係者の方へ | 保護者の方へ

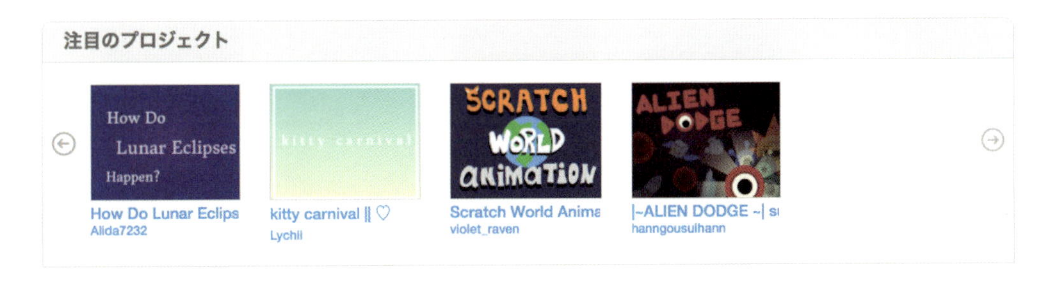

次の図がプログラムを作るページです。スクラッチを使ったプログラミングのやり方はとても簡単です。自分の使いたい命令をドラッグして右端のエリアに移動して、そこでクリックするだけです。すると命令が実行されて左上のエリアでいろいろな動きを見ることができます。

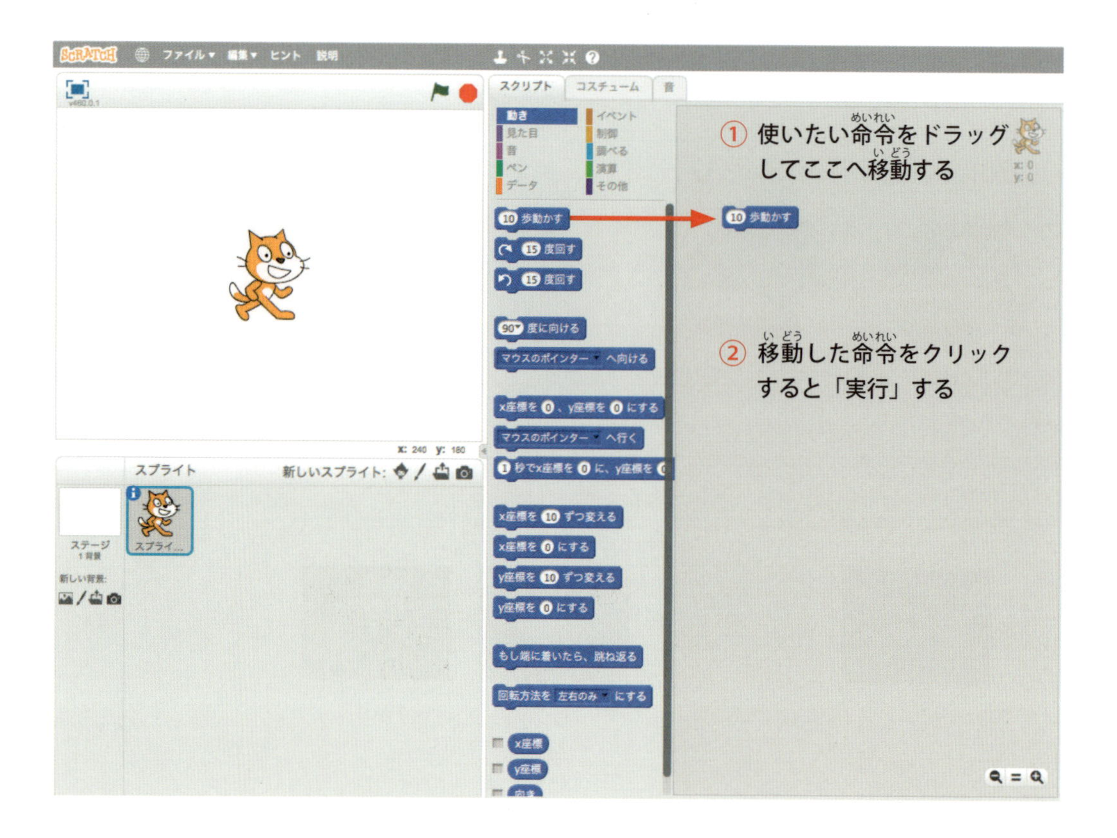

プログラムを作ってみよう

一つ簡単なプログラムを作ってみましょう。プログラミングを習うと誰もが最初にやる課題は「ハローワールド」といって「やあ、こんにちは」とプログラムを作って画面に書かせることです。スクラッチではあっけないほど簡単にできます。

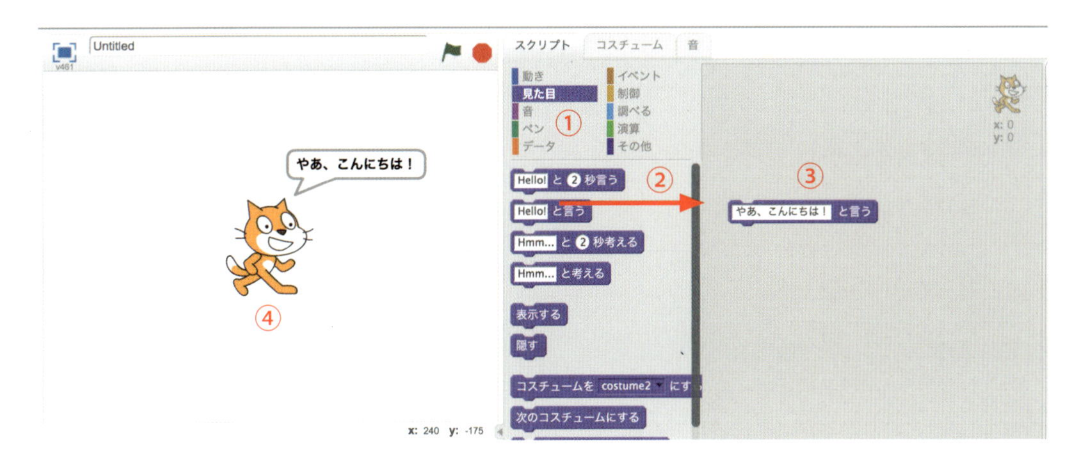

上の図を見ながら次の手順通りにやってみてください。

(1) 「スクリプト」タブの下にいろいろな色が並んでいます。これは命令をいくつかまとめて色のグループに分けたものです。紫色の「見た目」をクリックすると、見た目に関するいろいろな命令ブロックが表示されます。

(2) 上から 2 つ目の「hello と言う」という命令を右のエリアにドラッグする。

(3) 「hello」の部分にカーソルをあててクリックすると編集できるようになります。「やあ、こんにちは！」とキーボードから入力します。できたらこの命令をクリックしてみましょう。

(4) このように「やあ、こんにちは！」とネコが吹き出しでセリフを言っていれば OK です。

ヒント

吹き出しが邪魔になったら、次の図のように「～と言う」の中身を空にしてからクリックしてみましょう。吹き出しが消えます。

スクラッチのバージョンについて

この本は、バージョン2.0のスクラッチに合わせて書かれています。スクラッチ2.0は、2018年8月時点で正式に公開されている、最も新しいスクラッチです。2018年の後半に、次のバージョンであるスクラッチ3.0が公開される予定です。

スクラッチ3.0は、見た目が少し変わり、命令ブロックを横につなぐ形でのプログラミングもできるようになる予定です。ほかにも新しいハードウェアに対応するなど、公開が待ち遠しいバージョンです。この本で紹介したサンプルや演習は、スクラッチ3.0でもほぼ問題なく動作すると思われますが、一部、新しく追加された命令に置き換えたりする必要があるかもしれません。それでも、本書でスクラッチを使ったプログラミングの基本をしっかり学んでいれば、困ることはないでしょう。

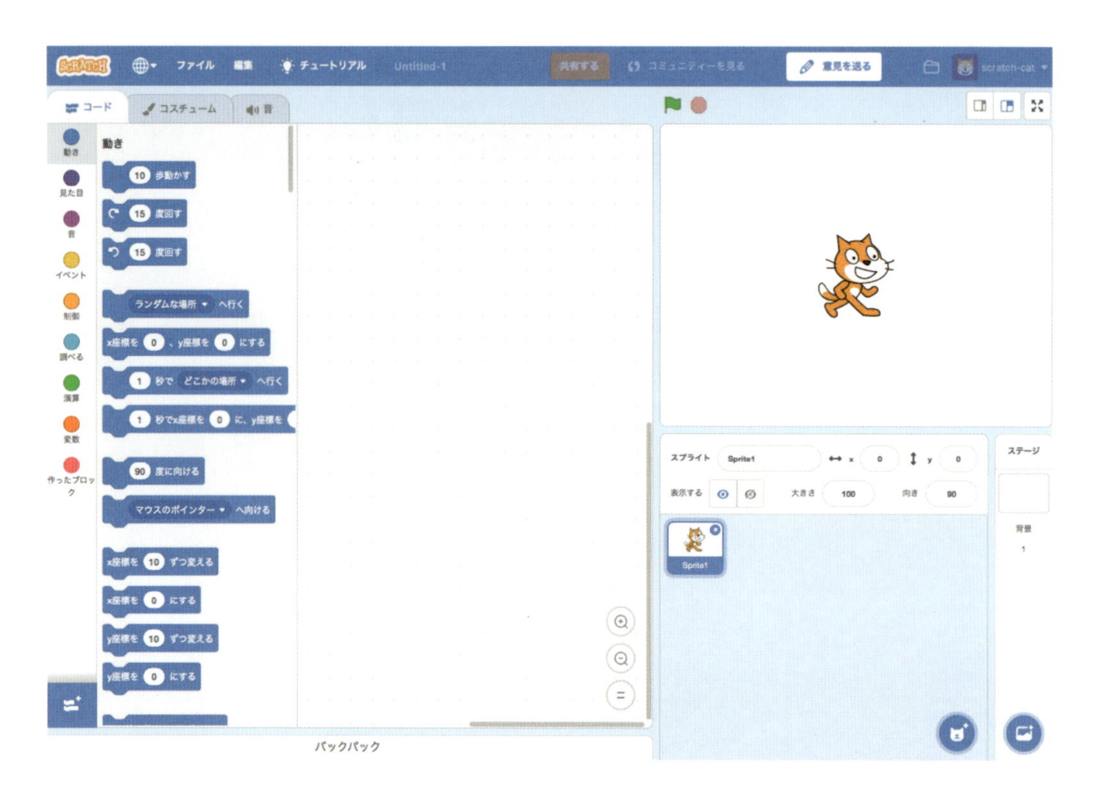

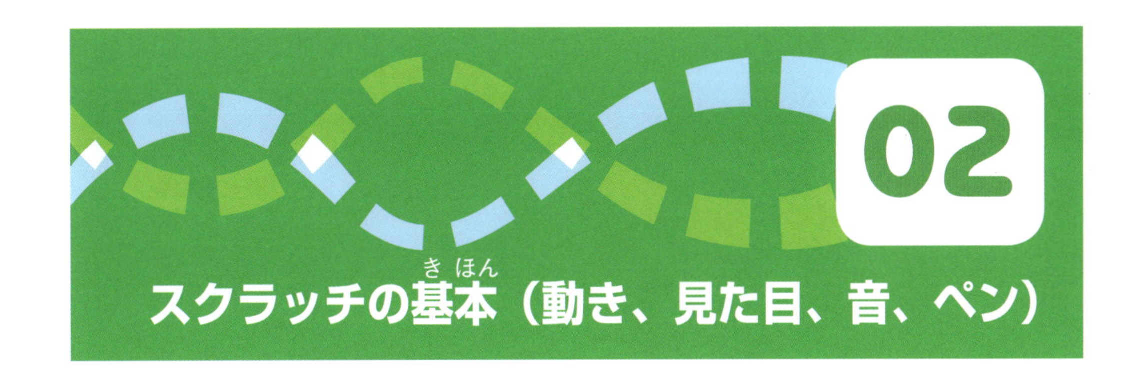

スクラッチの基本（動き、見た目、音、ペン）

スクラッチの一番よくある使い方は画面に置いたキャラクターを歩かせたり、踊らせたり、レーザービームで標的を撃ったりすることでしょう。そのためにとても役に立つ命令が、次の図の４つのグループにある命令ブロックたちです。

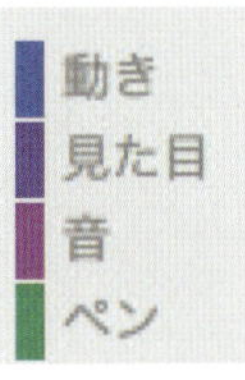

これらの基本的なブロックの使い方を順番に見ていきましょう。

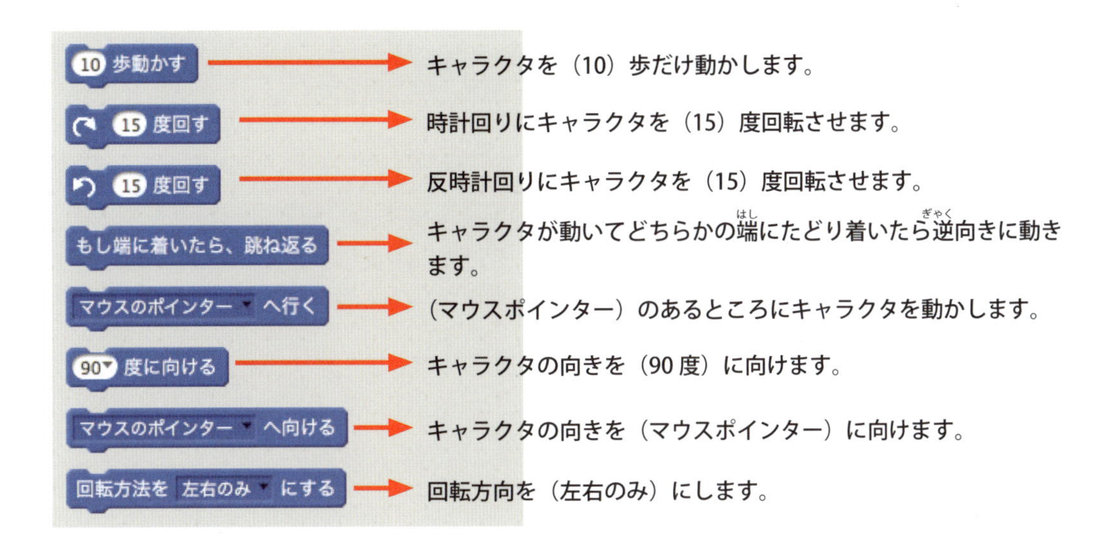

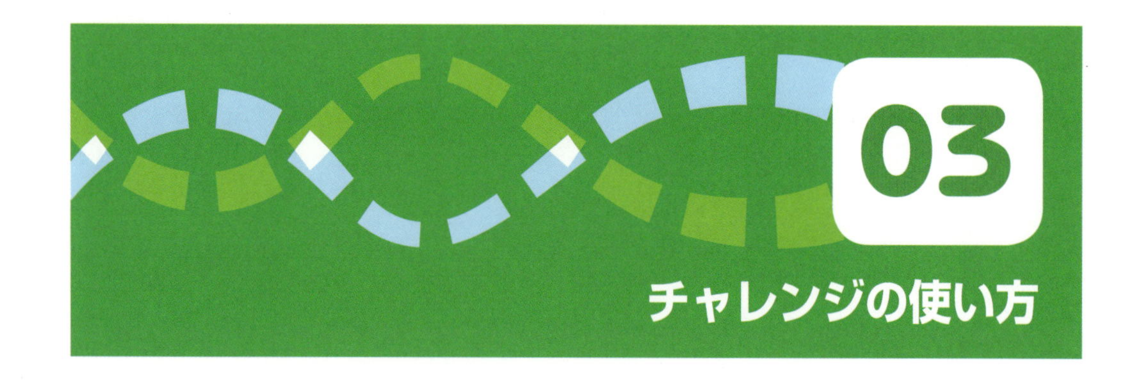

03 チャレンジの使い方

各チャレンジが１つの単元となっています。それぞれのチャレンジはスクラッチの命令カテゴリーに順番に対応した内容となっています。スクラッチの命令カテゴリーは次の図のようになっています。それぞれの命令カテゴリーをクリックすると、そのカテゴリーで使える命令が表示されるしくみです。

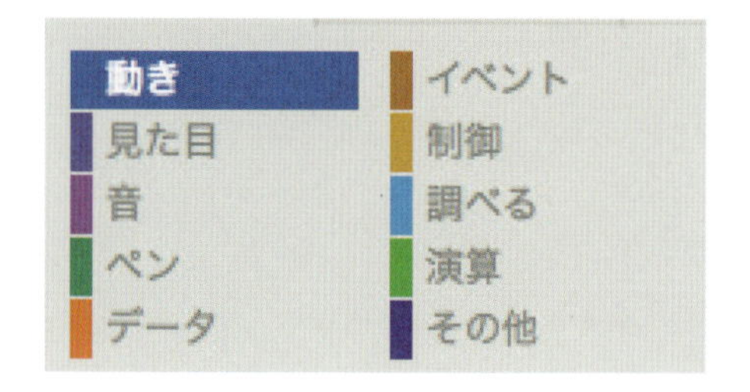

１つ１つのチャレンジでは、まずそのチャレンジで取り組む課題について説明します。それから、コードペディア、ヒント、発展チャレンジなどを示します。

- コードペディアは、プログラムの一部を隠したり、未完成のままにしたものです。チャレンジの内容を考えながら完成させてください。後半はサンプルプログラムを示す場合もあります。
- ヒントは、コードペディアを完成させるための手掛かりとなります。
- 発展チャレンジは、学んだ知識を応用するための課題です。
- 発展コードペディアは、少し難しい命令を詳しく知るためのサンプルです。
- 試してみようは、進んだ内容を楽しく、より深く学ぶためのサンプルです。

最初の説明を読んでチャレンジの内容を理解したら、後は自由に進めてください。

- コードペディアを見ないでとにかく自分でプログラムを作ってみる。
- コードペディアを完成させて基本ポイントを学ぶ。その後で発展課題にチャレンジ。

自分のスタイルで、自分のペースで進めてください。

ネコを行ったり来たりさせてみましょう

ネコを左右に行ったり来たりさせてみましょう。

- 画面の端から端まで行ったり来たりするプログラムを作りましょう。
- 左端からスタートします。
- 右端に着いたら、ネコの向きを変えて左に向かって動き出します。
- 少しずつ動かしてネコが動いていることがわかるようにします。

コードペディア

未完成のプログラムです。完成してチャレンジを解いてください。

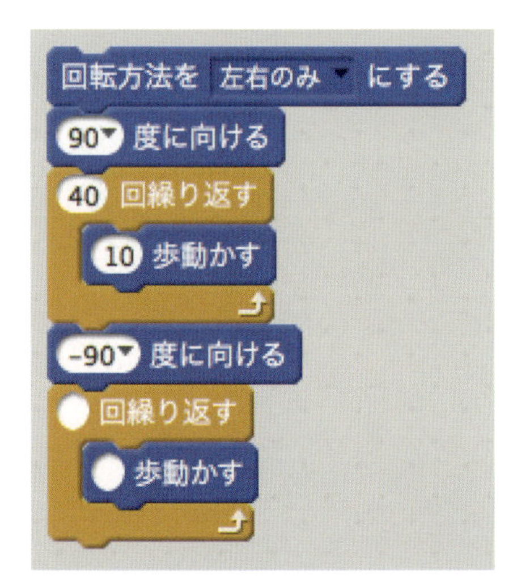

ヒント

これらの中のどれがチャレンジを解くプログラムでしょうか？

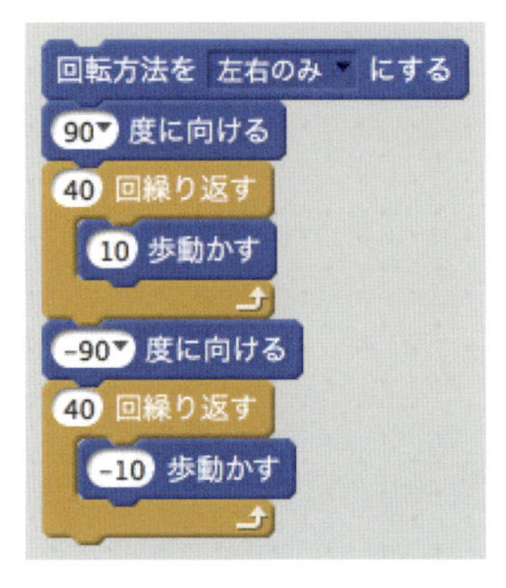

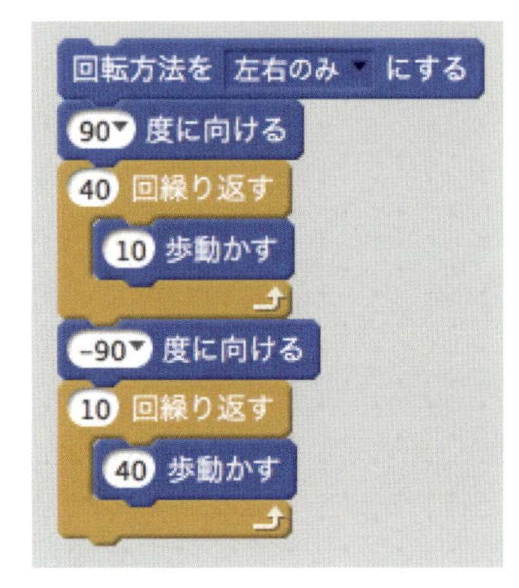

発展チャレンジ

ネコがずっと左右を行ったり来たりするプログラムを作れますか？

ヒント

「制御」にある次の命令ブロックを試してみましょう。

ネコを行ったり来たりさせてみましょう（バージョン 2）

ネコを左右に行ったり来たりさせてみましょう（バージョン 2）。

- 画面の端から端まで行ったり来たりするプログラムを作りましょう。
- 左端からスタートして右向きに動き出します。
- 右端に着いたら、ネコの向きを変えて左に向かって動き出します。
- 少しずつ動かしてネコが動いていることがわかるようにします。
- 端から端まで動くのにぴったり 3 秒で動かします。

コードペディア

未完成のプログラムです。完成してチャレンジを解いてください。

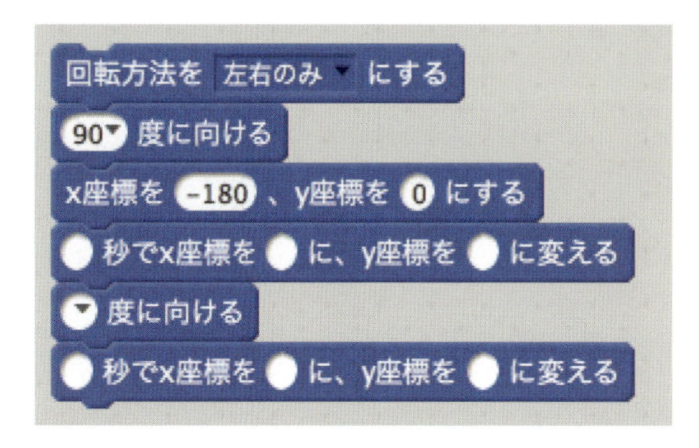

ヒント

これらの中のどれがチャレンジを解くプログラムでしょうか？

```
回転方法を 左右のみ▼ にする
90▼ 度に向ける
x座標を -180 、y座標を 0 にする
3 秒でx座標を 0 に、y座標を 180 に変える
-90▼ 度に向ける
3 秒でx座標を 0 に、y座標を -180 に変える
```

```
回転方法を 左右のみ▼ にする
90▼ 度に向ける
x座標を -180 、y座標を 0 にする
3 秒でx座標を -180 に、y座標を 180 に変える
-90▼ 度に向ける
3 秒でx座標を 180 に、y座標を -180 に変える
```

```
回転方法を 左右のみ▼ にする
90▼ 度に向ける
x座標を -180 、y座標を 0 にする
3 秒でx座標を 180 に、y座標を 0 に変える
-90▼ 度に向ける
3 秒でx座標を -180 に、y座標を 0 に変える
```

発展チャレンジ

ネコがずっと左上から右下を行ったり来たりするプログラムを作れますか？

ヒント

左上の x 座標は–180、y 座標は 120 です。
右下の x 座標は 180、y 座標は–120 です。

ネコがマウスポインターを追いかけるようにしましょう

ネコがマウスポインター（矢印）を追いかけるようにしましょう。

- マウスを動かすとネコの向きが変わるようにしましょう。
- ネコはマウスの方に向かって動きます。

コードペディア

未完成のプログラムです。完成してチャレンジを解いてください。

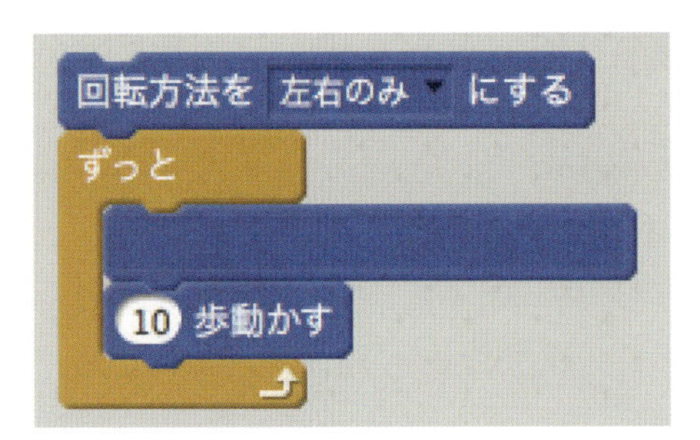

ヒント

これらの中のどれがチャレンジを解くプログラムでしょうか？

```
回転方法を 左右のみ▼ にする
ずっと
  マウスのポインター▼ へ行く
  10 歩動かす
```

```
回転方法を 左右のみ▼ にする
ずっと
  x座標を 0 、y座標を 0 にする
  10 歩動かす
```

```
回転方法を 左右のみ▼ にする
ずっと
  マウスのポインター▼ へ向ける
  10 歩動かす
```

```
回転方法を 左右のみ▼ にする
ずっと
  ↻ 15 度回す
  10 歩動かす
```

発展チャレンジ

はずかしがりやのネコを作ってみましょう。

- マウスでネコを画面の真ん中あたりに連れてきますが、ネコはすぐに右端や左端に隠れてしまいます。
- ネコのｘ座標がぴったり０となった時はネコはその場から動きません。

ヒント

下のプログラムの空いたところに何かを入れるだけで完成します！

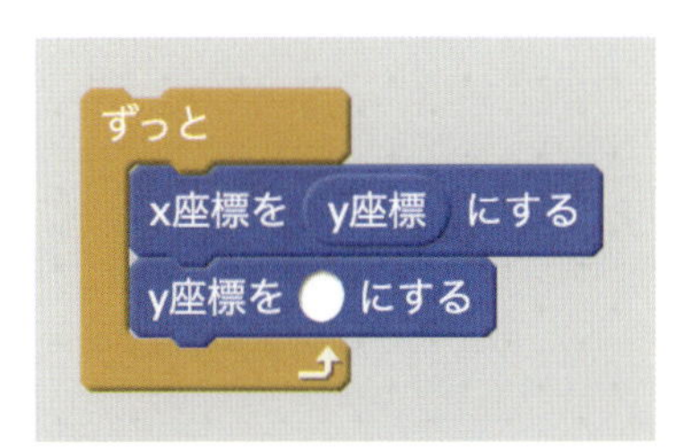

ネコが駆け足で動くアニメーションを作りましょう

ネコが画面の端から端を駆け足で動くアニメーションを作りましょう。

ヒント

アニメーションを作る時はコスチュームの切り替えをします。

コードペディア

未完成のプログラムです。完成してチャレンジを解いてください。

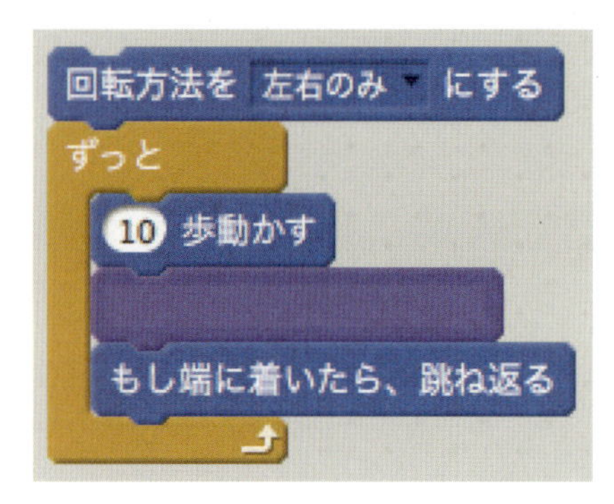

ヒント

これらの中のどれがチャレンジを解くプログラムでしょうか？

```
回転方法を 左右のみ にする
ずっと
  10 歩動かす
  隠す
  もし端に着いたら、跳ね返る
```

```
回転方法を 左右のみ にする
ずっと
  10 歩動かす
  Hello! と言う
  もし端に着いたら、跳ね返る
```

```
回転方法を 左右のみ にする
ずっと
  10 歩動かす
  次のコスチュームにする
  もし端に着いたら、跳ね返る
```

```
回転方法を 左右のみ にする
ずっと
  10 歩動かす
  Hmm... と考える
  もし端に着いたら、跳ね返る
```

発展チャレンジ

背景を加えてネコが昼も夜も走っているアニメーションにしてみましょう。

- 準備として２つの背景を用意しましょう。
- コスチュームと同じようにして背景を切り替えます。

ヒント

次の図は未完成のプログラムです。これを完成させてみましょう。完成したら①と②のプログラムを次々にクリックして実行させましょう。

①
```
回転方法を 左右のみ にする
ずっと
  10 歩動かす
  次のコスチュームにする
  もし端に着いたら、跳ね返る
```

②
```
ずっと
  [          ]
  3 秒待つ
```

ネコが次第に大きくなるプログラムを作りましょう

ネコが自分の大きさを数字で言いながら次第に大きくなるプログラムを作りましょう。

ヒント

ネコのもともとの大きさは 100% となります。

- ネコの大きさは 100% から始まって 10 ずつ大きくなり、最後には 200 になります。
- 大きさが変わったことがよくわかるように次の大きさになる前に 1 秒待ちましょう。

コードペディア

未完成のプログラムです。完成してチャレンジを解いてください。

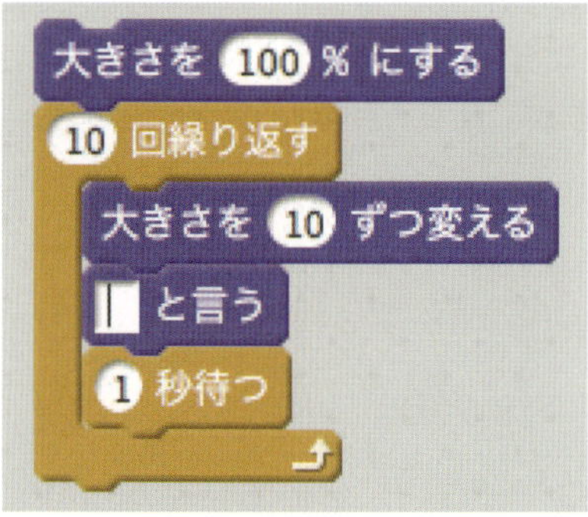

```
大きさを (100) % にする
(10) 回繰り返す
    大きさを (10) ずつ変える
    [ ] と言う
    (1) 秒待つ
```

ヒント

これらの中のどれがチャレンジを解くプログラムでしょうか？

```
大きさを (100) % にする
(10) 回繰り返す
    大きさを (10) ずつ変える
    [大きさ] と言う
    (1) 秒待つ
```

```
大きさを (100) % にする
(10) 回繰り返す
    大きさを (10) ずつ変える
    (コスチューム #) と言う
    (1) 秒待つ
```

```
大きさを (100) % にする
(10) 回繰り返す
    大きさを (10) ずつ変える
    [100] と言う
    (1) 秒待つ
```

発展チャレンジ

いったん 200 まで大きくなったネコが、また元の大きさ 100 まで段々と小さくなるプログラムを作りましょう。

ヒント

次の図は未完成のプログラムです。これを完成させてみましょう。

```
大きさを (100) % にする
(10) 回繰り返す
    大きさを (10) ずつ変える
    (大きさ) と言う
    (1) 秒待つ
(10) 回繰り返す
    大きさを ( ) ずつ変える
    (大きさ) と言う
    (1) 秒待つ
```

ペンを使って線を描くプログラムを作りましょう

太さ 10 のペンを使って 2 本の線を左から右に描くプログラムを作りましょう。

ヒント

線を描く必要の無い時はいつでもペンを上げるように気をつけましょう。画面をいったんきれいに消す時は命令「消す」を使います。

コードペディア

未完成のプログラムです。完成してチャレンジを解いてください。

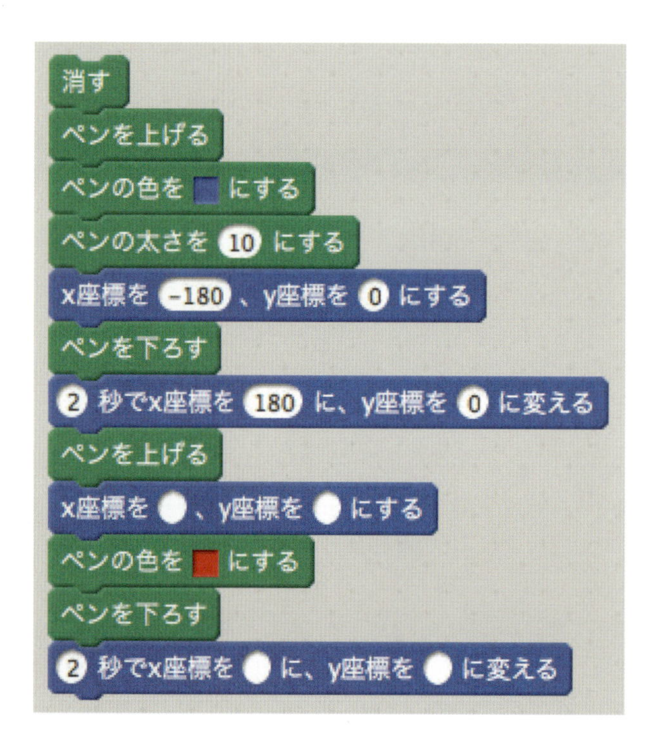

ヒント

これらの中のどれがチャレンジを解くプログラムでしょうか？

```
消す
ペンを上げる
ペンの色を ■ にする
ペンの太さを 10 にする
x座標を -180 、y座標を 0 にする
ペンを下ろす
2 秒でx座標を 180 に、y座標を 0 に変える
ペンを上げる
x座標を -180 、y座標を 0 にする
ペンの色を ■ にする
ペンを下ろす
2 秒でx座標を 180 に、y座標を 0 に変える
```

```
消す
ペンを上げる
ペンの色を ■ にする
ペンの太さを 10 にする
x座標を -180 、y座標を 0 にする
ペンを下ろす
2 秒でx座標を 180 に、y座標を 0 に変える
ペンを上げる
x座標を -180 、y座標を 10 にする
ペンの色を ■ にする
ペンを下ろす
2 秒でx座標を 180 に、y座標を 10 に変える
```

発展チャレンジ

太さ 50 のペンの色を次々に変えて、左端から右端まで続く虹色の線を描いてみましょう。

ヒント

次の図は未完成のプログラムです。これを完成させてみましょう。

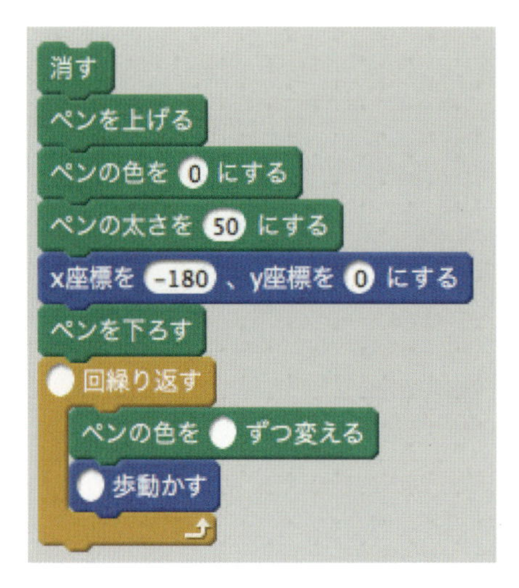

ペンを使っていろいろな形を描いてみましょう

画面の左下から描き始めて、一辺の長さが 200 の正三角形を描きましょう。

コードペディア

未完成のプログラムです。完成してチャレンジを解いてください。

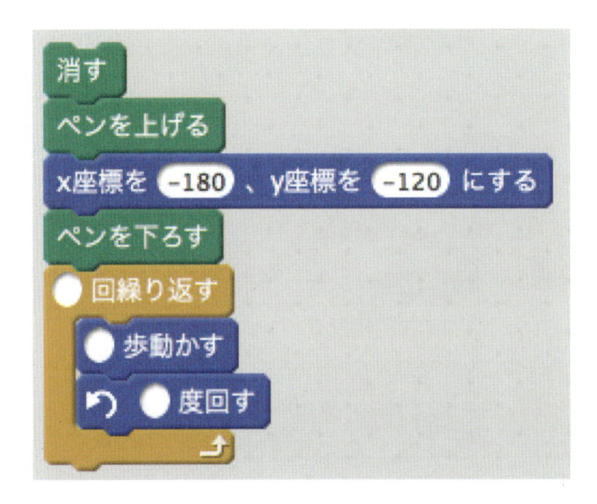

チャレンジ 07

ヒント

これらの中のどれがチャレンジを解くプログラムでしょうか？

```
消す
ペンを上げる
90 度に向ける
x座標を -180 、y座標を -120 にする
ペンを下ろす
3 回繰り返す
  200 歩動かす
  ↶ 60 度回す
```

```
消す
ペンを上げる
90 度に向ける
x座標を -180 、y座標を -120 にする
ペンを下ろす
4 回繰り返す
  200 歩動かす
  ↶ 90 度回す
```

```
消す
ペンを上げる
90 度に向ける
x座標を -180 、y座標を -120 にする
ペンを下ろす
3 回繰り返す
  200 歩動かす
  ↶ 120 度回す
```

```
消す
ペンを上げる
90 度に向ける
x座標を -180 、y座標を -120 にする
ペンを下ろす
3 回繰り返す
  200 歩動かす
  ↶ 45 度回す
```

発展チャレンジ

星の形を描いてみましょう。

ヒント

次の図は未完成のプログラムです。これを完成させてみましょう。

ヒント

完成図は次のようになります。

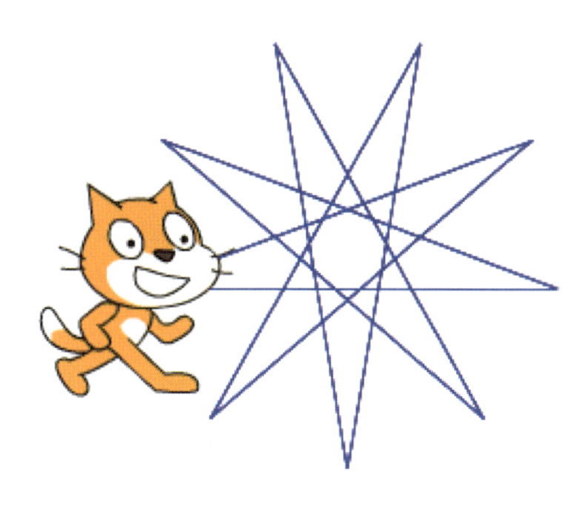

もっといろいろな図形を描きましょう

次に示すような図形を描きましょう。

コードペディア

未完成のプログラムです。完成してチャレンジを解いてください。

```
消す
ペンを上げる
x座標を 0 、y座標を 0 にする
ペンを下ろす
 回繰り返す
  3 回繰り返す
    100 歩動かす
    ↺ 120 度回す
  ↺  度回す
```

ヒント

これらの中のどれがチャレンジを解くプログラムでしょうか？

```
消す
ペンを上げる
x座標を 0 、y座標を 0 にする
ペンを下ろす
360 回繰り返す
    3 回繰り返す
        100 歩動かす
        ↺ 120 度回す
    ↺ 1 度回す
```

```
消す
ペンを上げる
x座標を 0 、y座標を 0 にする
ペンを下ろす
36 回繰り返す
    3 回繰り返す
        100 歩動かす
        ↺ 120 度回す
    ↺ 10 度回す
```

発展チャレンジ

円を描いてみましょう。

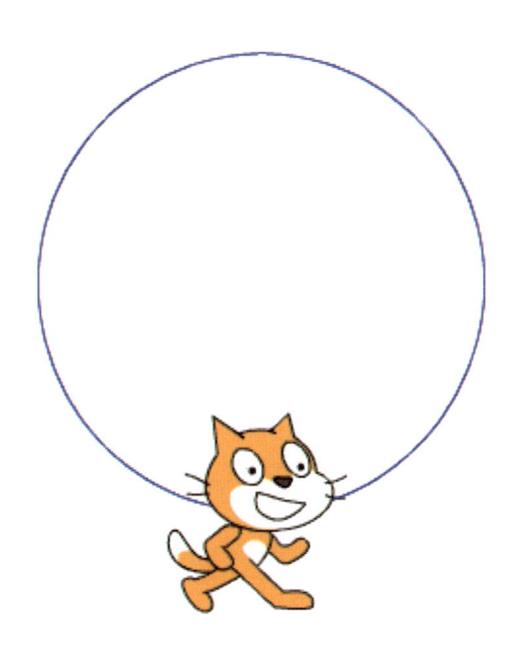

チャレンジ 08

ヒント

次の図は未完成のプログラムです。これを完成させてみましょう。

セリフを表示しながらネコを「ニャー」と鳴らしてみましょう

「ニャー」と吹き出しセリフを表示しながらネコの鳴き声を鳴らしてみましょう。

コードペディア

未完成のプログラムです。完成してチャレンジを解いてください。

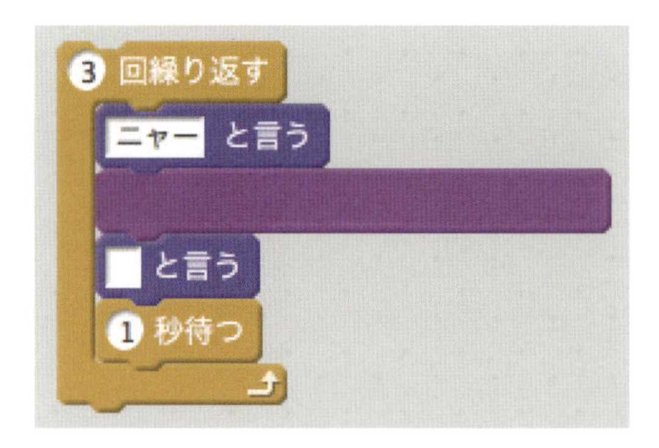

ヒント

これらの中のどれがチャレンジを解くプログラムでしょうか？

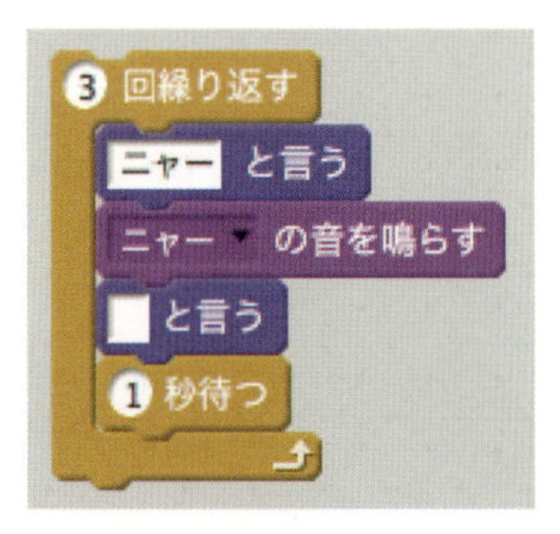

3 回繰り返す
ニャー と言う
1 秒待つ
と言う

3 回繰り返す
ニャー と言う
終わるまで ニャー の音を鳴らす
と言う
1 秒待つ

発展チャレンジ

ネコの「ニャー」が次第に小さくなっていくプログラムを作りましょう。

ヒント

次の図は未完成のプログラムです。これを完成させてみましょう。

音量を 100 % にする
10 回繰り返す
終わるまで ニャー の音を鳴らす
音量を ずつ変える

ドラムを鳴らしましょう

ドラムを鳴らします。最初は 10 BPM（Beats per minute：1 分間の拍数）からはじめてテンポをどんどん早くしていきましょう。

コードペディア

未完成のプログラムです。完成してチャレンジを解いてください。

```
テンポを ( ) BPMにする
(50) 回繰り返す
    (1▼) のドラムを (0.25) 拍鳴らす
    テンポを ( ) ずつ変える
```

ヒント

これらの中のどれがチャレンジを解くプログラムでしょうか？

```
テンポを (500) BPMにする
(50) 回繰り返す
    (1▼) のドラムを (0.25) 拍鳴らす
    テンポを (-10) ずつ変える
```

```
テンポを (10) BPMにする
(50) 回繰り返す
    (1▼) のドラムを (0.25) 拍鳴らす
    テンポを (10) ずつ変える
```

発展チャレンジ

ネコがドラムのテンポに合わせて次第に高くジャンプするプログラムを作りましょう。

ヒント

次の図は未完成のプログラムです。これを完成させてみましょう。

```
x座標を 0 、y座標を -100 にする
テンポを 10 BPMにする
10 回繰り返す
    y座標を -100 にする
    1▼ のドラムを 0.25 拍鳴らす
    テンポを 20 ずつ変える
    y座標を (　　) ずつ変える
y座標を -100 にする
```

超カンタンゲームを作りましょう（その 1）

超カンタンゲームを作りましょう。

- グリーンフラッグ（緑の旗）を押すとゲーム開始。
- ネコは「10 歩動かす」のスピードで画面をいったりきたりします。
- 動いているネコをねらってクリックするとネコが「ニャー」と鳴きます。

コードペディア

未完成のプログラムです。完成してチャレンジを解いてください。

チャレンジ 11

ヒント

これらの中のどれがチャレンジを解くプログラムでしょうか？

```
（旗）がクリックされたとき
ずっと
  10 歩動かす

（旗）がクリックされたとき
ずっと
  回転方法を 左右のみ にする
  もし端に着いたら、跳ね返る

（旗）がクリックされたとき
終わるまで ニャー の音を鳴らす
```

```
（旗）がクリックされたとき
ずっと
  10 歩動かす

（旗）がクリックされたとき
ずっと
  回転方法を 左右のみ にする
  もし端に着いたら、跳ね返る

このスプライトがクリックされたとき
終わるまで ニャー の音を鳴らす
```

```
（旗）がクリックされたとき
ずっと
  10 歩動かす

（旗）がクリックされたとき
ずっと
  回転方法を 左右のみ にする
  もし端に着いたら、跳ね返る

スペース キーが押されたとき
終わるまで ニャー の音を鳴らす
```

発展チャレンジ

このチャレンジのプログラムを使って、大きな音がするとネコが鳴くプログラムを作ってみましょう。

ヒント

次の図は未完成のプログラムです。これを完成させてみましょう。

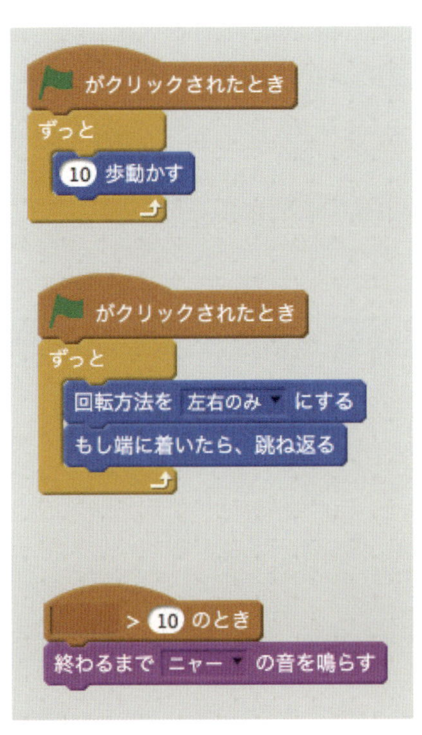

超(ちょう)カンタンゲームを作りましょう（その2）

超(ちょう)カンタンゲームを作りましょう。

- キーボードの「←」キーを押(お)すと、ネコが左向きに動きます。
- 「→」キーを押(お)すと、右向きに動きます。
- 「↑」キーを押(お)すと、上向きに動きます。
- 「↓」キーを押(お)すと、下向きに動きます。

コードペディア

未完成(みかんせい)のプログラムです。完成(かんせい)してチャレンジを解(と)いてください。

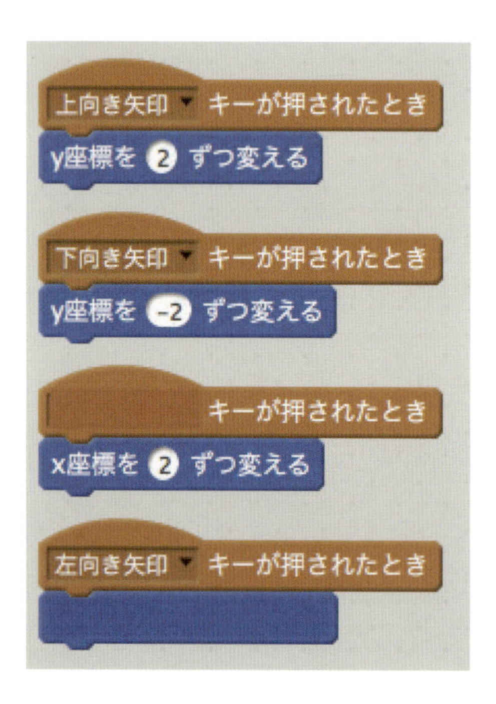

ヒント

これらの中のどれがチャレンジを解くプログラムでしょうか？

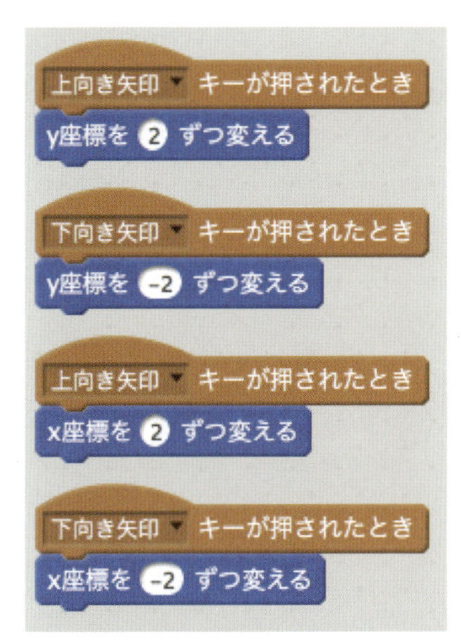

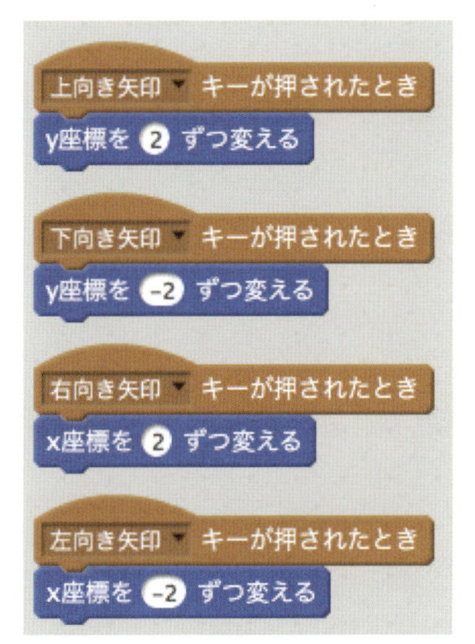

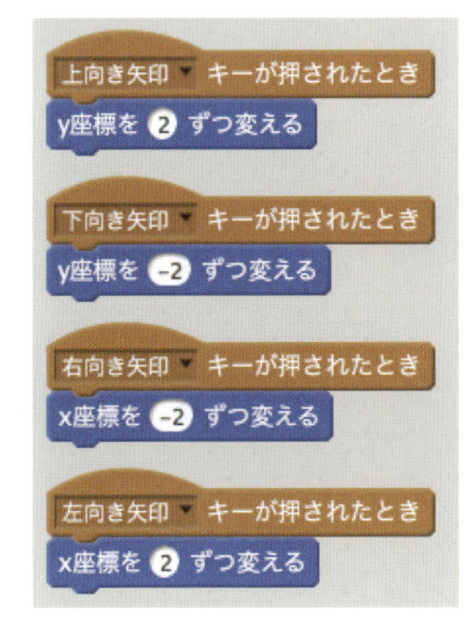

チャレンジ 12

発展チャレンジ

キーボードを使って、ネコを左右に動かしたり、ジャンプさせるプログラムを作りましょう。

- 右向き矢印を押すとネコは右向きに動く。
- 左向き矢印を押すとネコは左向きに動く。
- スペースキーを押すとネコはジャンプする。
- ジャンプした後はもとの高さまで戻る。

ヒント

次の図は未完成のプログラムです。これを完成させてみましょう。

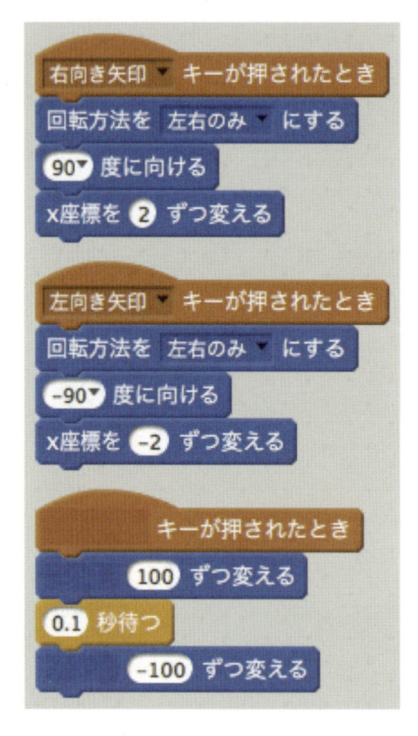

ネコの指令で背景が変わるプログラムを作りましょう

ネコの指令で背景が変わるプログラムを作りましょう。

- キーボードの「d」キーを押すと砂漠の背景になります。
- キーボードの「s」キーを押すと海中の背景になります。

準備1

次の図のように海と砂漠の背景を用意しておきましょう。

準備2

「うみ」、「さばく」の２つのメッセージを用意しておきましょう。

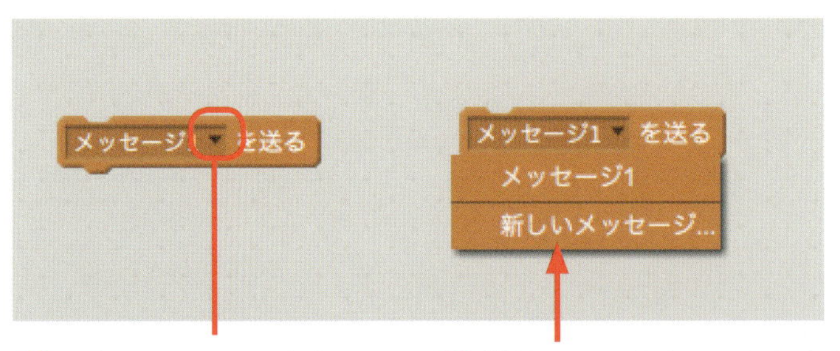

① 三角をクリックします。　② 「新しい…」をクリックします。

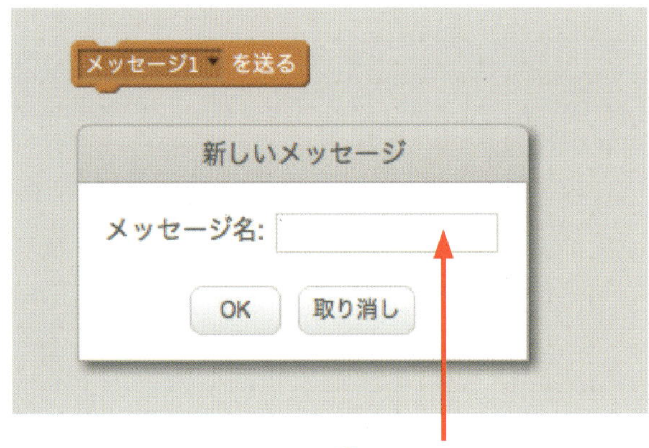

③ メッセージに名前をつけます。

コードペディア

未完成のプログラムです。完成してチャレンジを解いてください。

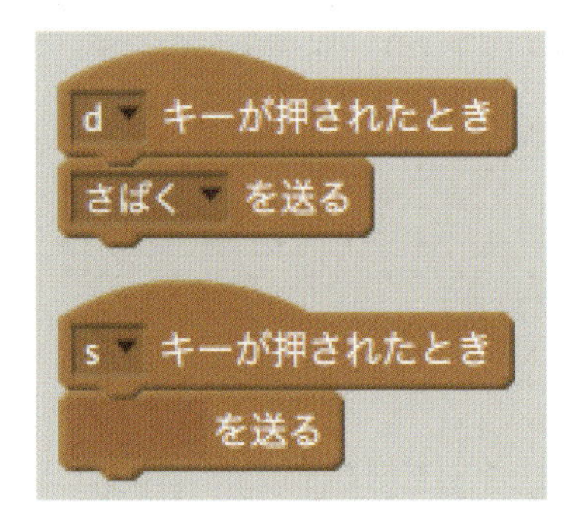

ヒント

次のプログラムではうまく動きません。どこを直したらよいでしょうか？

発展チャレンジ

このチャレンジのプログラムに少し加えてもう少し面白くしてみましょう。

- 背景がさばくになった時、ネコの色を赤色（180）にします。
- 背景がうみになった時、ネコの色を青色（90）にします。

ヒント

次の図は未完成のプログラムです。これを完成させてみましょう。このプログラムはネコのスプライトに置きます。

- ＜背景のスプライトに置くプログラム＞には変わりがありません。

ネコが動き過ぎないようにするプログラムを作りましょう

ネコが右向きに動き過ぎないようにするプログラムを作りましょう。

- スタートの時、ネコは画面の中央（x：0、y：0）にあって、右を向いている。
- ネコは右向きに動いて、x 軸方向で 100 を超えると自動的に x:0 の場所に戻される。
- ネコが元の場所に戻ったらプログラムを終了する。
- ネコは動きながら自分の x 軸の数を吹き出しで表示する。

コードペディア

未完成のプログラムです。完成してチャレンジを解いてください。

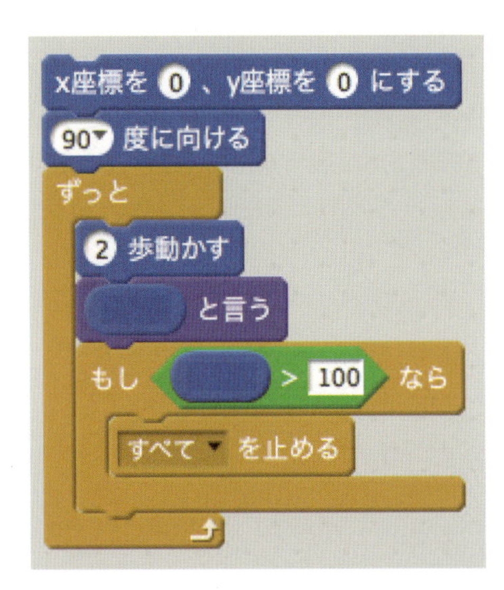

ヒント

次のプログラムではうまく動きません。どこを直したらよいでしょうか？

```
x座標を 0 、y座標を 0 にする
90▼ 度に向ける
ずっと
  2 歩動かす
  y座標 と言う
  もし y座標 > 100 なら
    すべて▼ を止める
```

発展チャレンジ

「～まで繰り返す」を使って似たようなプログラムを作ってみましょう。

- ネコはx軸方向の場所が100になるまで右向きに動きます。
- 100より大きくなったら画面中央に戻ります。
- 戻った時、「ニャー」を鳴きます。

ヒント

次の図は未完成のプログラムです。これを完成させてみましょう。

ネコを画面中央に戻すプログラムを作りましょう

ネコをどこに置いても画面中央に戻ってしまうプログラムを作りましょう。

コードペディア

未完成のプログラムです。完成してチャレンジを解いてください。

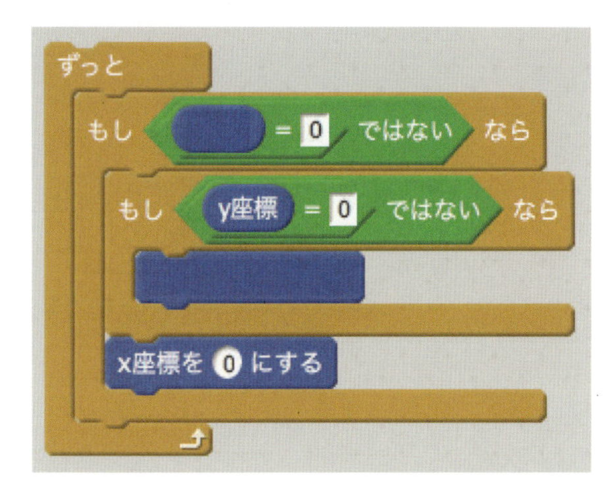

ヒント

次のプログラムではうまく動きません。どこを直したらよいでしょうか？

```
ずっと
  もし y座標 > 0 ではない なら
    もし x座標 > 0 ではない なら
      y座標を 0 にする
    x座標を 0 にする
```

発展チャレンジ

カンタン忍者ゲームを作ろう！

- ネコは画面のいろいろなところに現れます。
- ネコは 10% の大きさから 200 になるまで 10 ずつ大きくなります。
- 200 になるとまた 10% の大きさに戻ります。
- ネコをうまくクリックできると「ニャー」と鳴きます。

ヒント

次の図は未完成のプログラムです。これを完成させてみましょう。

ネコをクリックするたびに分身ができるプログラムを作りましょう

ネコをクリックするたびに分身ができるプログラムを作りましょう。

- ネコをクリックすると自分自身のクローン（分身）ができる。
- クローンをクリックするとさらにクローンができる。

コードペディア

未完成（みかんせい）のプログラムです。完成（かんせい）してチャレンジを解（と）いてください。

- 「スプライト 2」は、スクラッチを起動した時にネコのスプライトについている名前です。
- このプログラムのままだともともとのネコ（実体）をクリックした時だけ新しいクローンができます。クローンをクリックしても新しいクローンはできません。

```
このスプライトがクリックされたとき
自分自身 ▼ のクローンを作る
```

発展コードペディア

クローンができてもすぐに消えてくれたらオリジナルのネコがどこに行ったか見失うことがありません。次のプログラムはそのような動作になっています。実際に動かして確かめてみましょう。

```
このスプライトがクリックされたとき
スプライト2▼ のクローンを作る

クローンされたとき
ランダムな場所▼ へ行く
1 秒待つ
このクローンを削除する
```

試してみよう「分身大集合！」

次のプログラムでは何がおきるでしょうか？　実際に動かして試してみましょう。もっとアイデアが出てきたら自分で手を加えてもっと面白くしてみましょう。

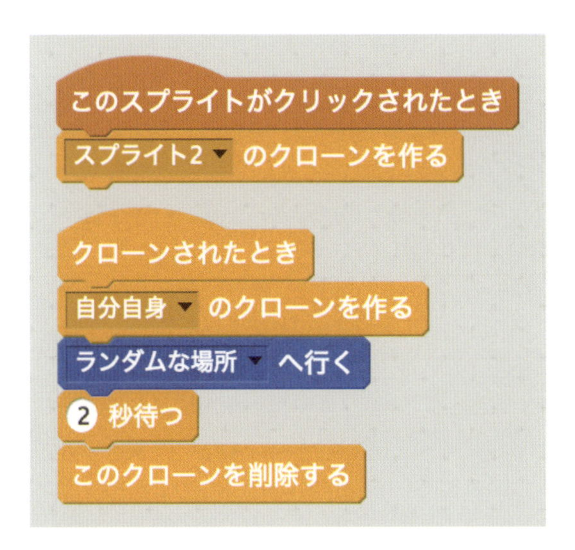

人工知能ネコライザを作りましょう

人工知能ネコライザを作りましょう。

- ネコが質問をします。
- キーボードを使って質問に答えます。
- 答えたことを使ってネコがお話を続けます。

コードペディア

次の図は人工知能ネコライザのサンプルプログラムです。自分で動かしてどんなふうになるのか確かめてみましょう。

```
x座標を -100 、y座標を -100 にする
今、どんな気分ですか？ と聞いて待つ
(答え と ？本当？) と言う
5 秒待つ
それはどうして？ と聞いて待つ
(答え と ですか？なるほどね。) と言う
5 秒待つ
じゃ、今日はここまで。さようなら。 と言う
5 秒待つ
 と言う
```

発展コードペディア

このチャレンジのコードペディアにはいくつでも質問を追加することができます。次の図はその例です。自分でもっと質問やネコの解答例を考えてもっと賢い人工知能にしてみましょう。

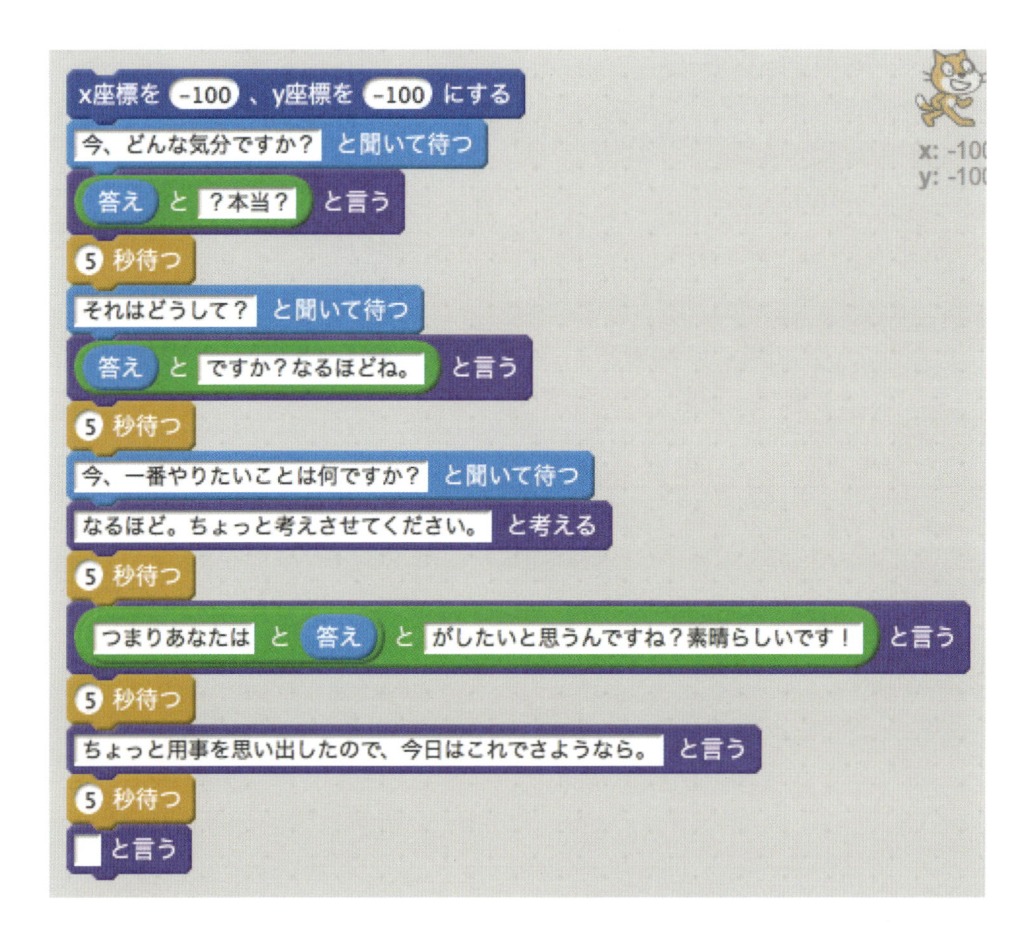

チャレンジ 17

試してみよう

「一人しりとりゲーム」を作りましょう。次の図はサンプルプログラムです。自分で動かしてどんなふうになるのか試してみましょう。少し遊んでから自分だけのアイデアを追加してもっと面白いプログラムにしてみましょう。

```
一人しりとりのスタート！ と 2 秒言う
何か単語を一つ書いてください。 と聞いて待つ
(答え) と ですね？ と 4 秒言う
3 回繰り返す
    もし (答え) の長さ 番目( (答え) )の文字 = ん なら
        「ん」で終わってるよ！ と 2 秒言う
        ゲームオーバー！ と 2 秒言う
        すべて ▼ を止める
    じゃ次は「 と (答え) の長さ 番目( (答え) )の文字 と 」で始まる単語は何？ と聞いて待つ
すごい、あなたの勝ち！ と 2 秒言う
すべて ▼ を止める
```

思い通りに動かないネコのプログラムを作りましょう

思い通りに動かないネコのプログラムを作りましょう。

- マウスのＸ座標の数をネコのＸ座標にします。
- マススのＹ座標の数をネコのＹ座標にします。
- 画面中央部に近づくとネコはあちこちに勝手に動きます。
  画面中央部とは次の範囲です。
  $-100 < x < 100$
  $-100 < y < 100$
- マウスをクリックするとネコは「ニャー」と鳴きます。

コードペディア

次の図はサンプルプログラムです。自分で動かしてどんなふうになるのか確かめてみましょう。

```
がクリックされたとき
ずっと
  もし x座標 > -100 かつ x座標 < 100 かつ y座標 > -100 かつ y座標 < 100 なら
    ランダムな場所 へ行く
  でなければ
    x座標を マウスのy座標 、y座標を マウスのx座標 にする

がクリックされたとき
ずっと
  もし マウスが押された なら
    終わるまで ニャー の音を鳴らす
```

発展コードペディア

このチャレンジのコードペディアにあなただけのアイデアを追加することができます。次の図はその例です。グリーンフラッグ（緑の旗）をクリックしてからの時間を測って、10 秒が過ぎたら音を鳴らして「ゲームオーバー」を伝えます。まだこのままではゲームらしくありませんね。自分のアイデアを追加して楽しいゲームを作ってみましょう。

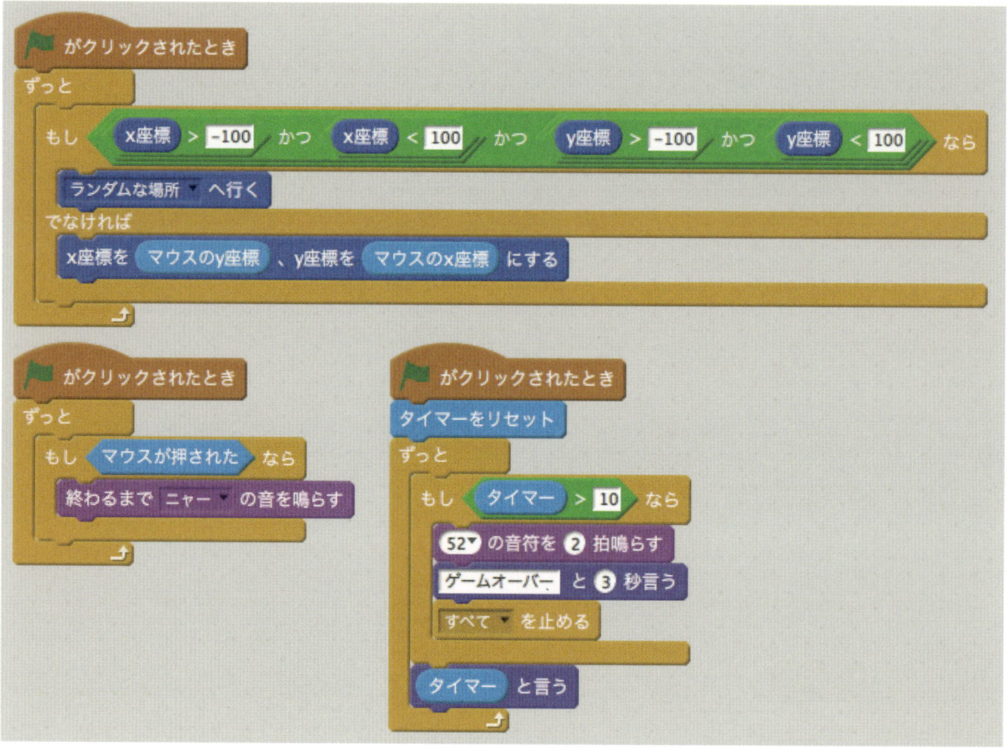

```
がクリックされたとき
ずっと
  もし <<<(x座標) > -100> かつ <(x座標) < 100>> かつ <(y座標) > -100>> かつ <(y座標) < 100> なら
    ランダムな場所 へ行く
  でなければ
    x座標を (マウスのy座標) 、y座標を (マウスのx座標) にする

がクリックされたとき
ずっと
  もし <マウスが押された> なら
    終わるまで ニャー の音を鳴らす

がクリックされたとき
タイマーをリセット
ずっと
  もし <(タイマー) > 10> なら
    52 の音符を 2 拍鳴らす
    ゲームオーバー と 3 秒言う
    すべて を止める
  (タイマー) と言う
```

試してみよう

簡単ゲーム「音を頼りに見えない秘密ゾーンをよけろ！」を作りましょう。

- ネコはマウスの動きに連動して動きます。
- ネコの x 座標、y 座標が変わると音程を変えて音を鳴らします。
- 中央にある見えない秘密ゾーンに立ち入るとゲームオーバーとなります。
  秘密ゾーンの場所は以下のようになります。

  $-50 < x < 50$

  $-50 < y < 50$

サンプルプログラムを次に示します。自分のアイデアを追加してもっと楽しいゲームにしてください。

```
がクリックされたとき
x座標を -180 、y座標を -150 にする
2 秒待つ
ずっと
  もし x座標 > -50 かつ x座標 < 50 かつ y座標 > -50 かつ y座標 < 50 なら
    終わるまで ニャー の音を鳴らす
    ゲームオーバー と 3 秒言う
    すべて を止める
  でなければ
    x座標を マウスのx座標 、y座標を マウスのy座標 にする
```

```
がクリックされたとき
2 秒待つ
ずっと
  楽器を 19 にする
  絶対値 ( x座標 ) / 2 の音符を 0.5 拍鳴らす
```

```
がクリックされたとき
2 秒待つ
ずっと
  楽器を 16 にする
  絶対値 ( y座標 ) / 2 の音符を 0.5 拍鳴らす
```

音の大きさでネコを動かしましょう

音の大きさでネコを動かしましょう。

- ネコのスタート位置は x 座標：0、y 座標：0。
- ネコの x 座標は「音量」で決まる。
  「音量」は 0（静か）から 100（大きな音）の範囲で常に変わります。
  「音量」はパソコンなどのマイクで入った音の大きさとなります。
- ネコは次のように動きます。
  「音量」が 0 のとき：ネコは画面左端まで動く。
  「音量」が 100 のとき：ネコは画面右端まで動く。

コードペディア

未完成のプログラムです。完成してチャレンジを解いてください。

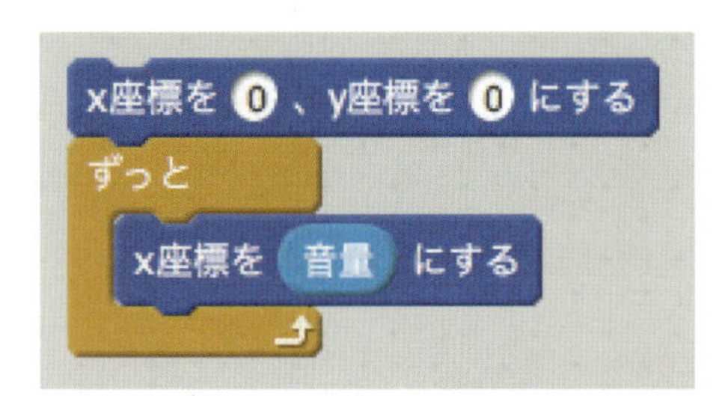

ヒント

次のプログラムではうまく動きません。どこを直したらよいでしょうか？

- このプログラムではネコの動く範囲は画面中央（「音量」が 0 の時）から画面右端（「音量」が 100 の時）となります。「音量」が 0 の時に画面左端まで動くように直しましょう。

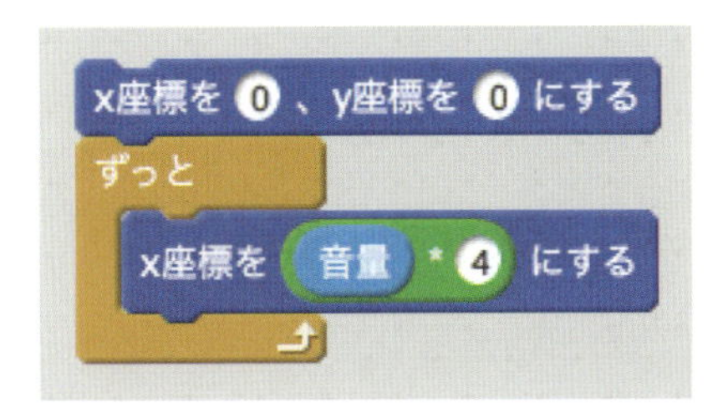

発展チャレンジ

自動音量グラフを作りましょう。

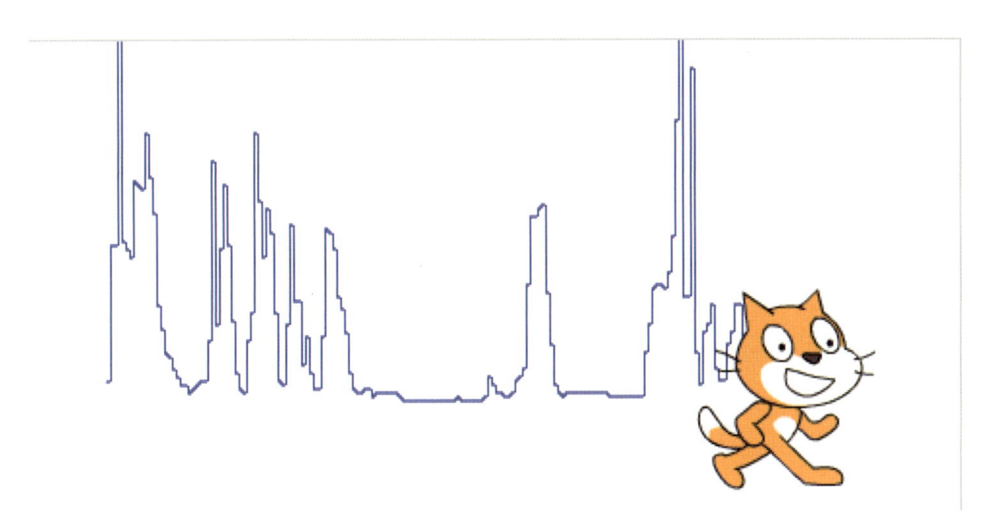

- ネコはスタートの時、x 座標：−200、y 座標：0 の位置にいる。
- ネコは右向きに同じ速さで進み、右端（x 座標：200）まで来ると左端に戻る。
- ネコは「音量」に応じて y 軸方向に動く。

チャレンジ 19

次の図はサンプルプログラムです。自分で動かしてどんなふうになるか試(ため)してみましょう。

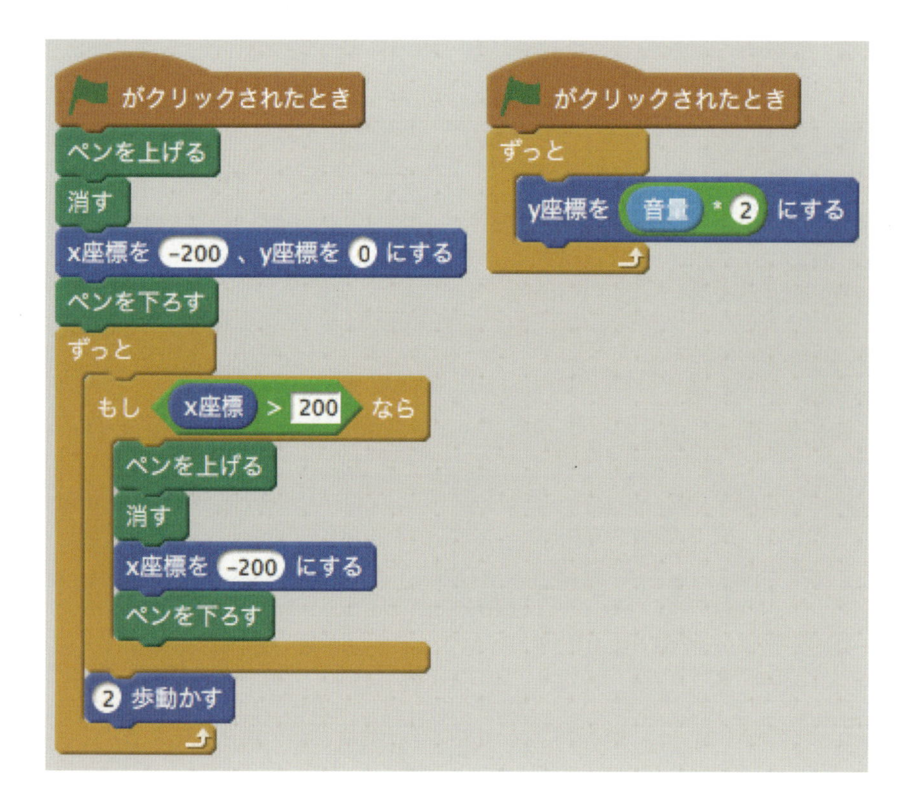

スピードを決めてネコを動かしましょう

ネコダッシュ！　スピードを決めてネコを動かしましょう。

- 速さをいくつにするか最初に質問します（0から200の間）。
- 速さが決まったら画面の左端から右端まで動くのにかかる時間を計算します。
- 画面の左端から右端までの距離は400です。
- 計算した時間で左端から右端までネコを動かします。
- スペースキーを押すと動き始めます。
- 確認のためにスタートからゴールに向かう間の時間を表示します。

コードペディア

次の図はサンプルプログラムです。実際に動かしてどんなふうになるか見てみましょう。

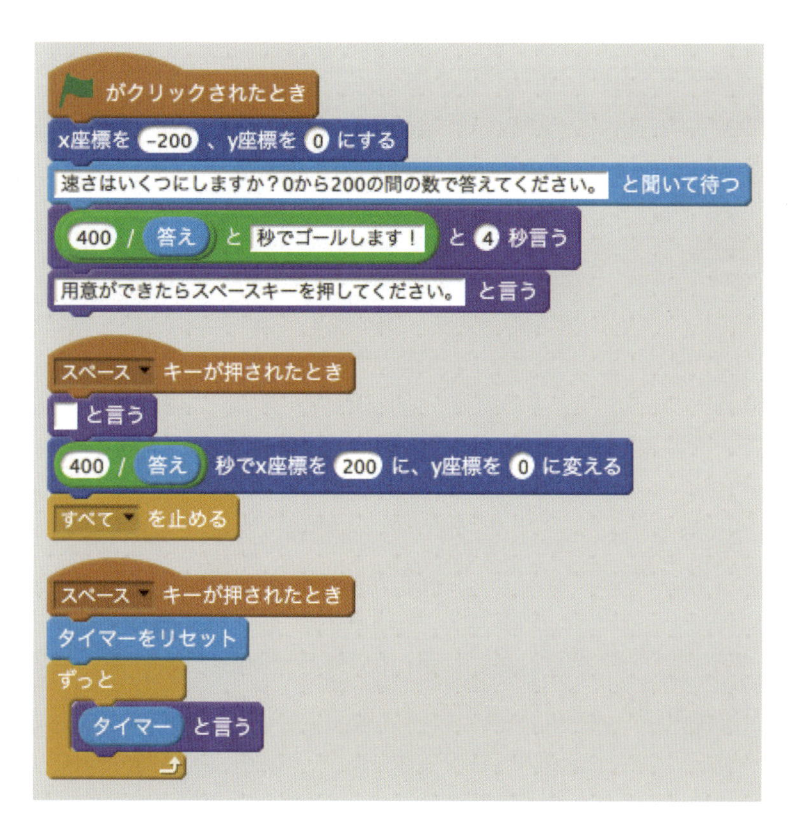

チャレンジ 20

発展コードペディア

このチャレンジのサンプルプログラムでは、「0 から 200 の間で答えてください」と質問していますが、実際には–20 とか　750 など 0 から 200 の間にはない数でも入力できてしまいます。0 から 200 の間に無い数が入力されたら何度でも聞き直すように直してみましょう。

サンプルプログラムを次に示します。

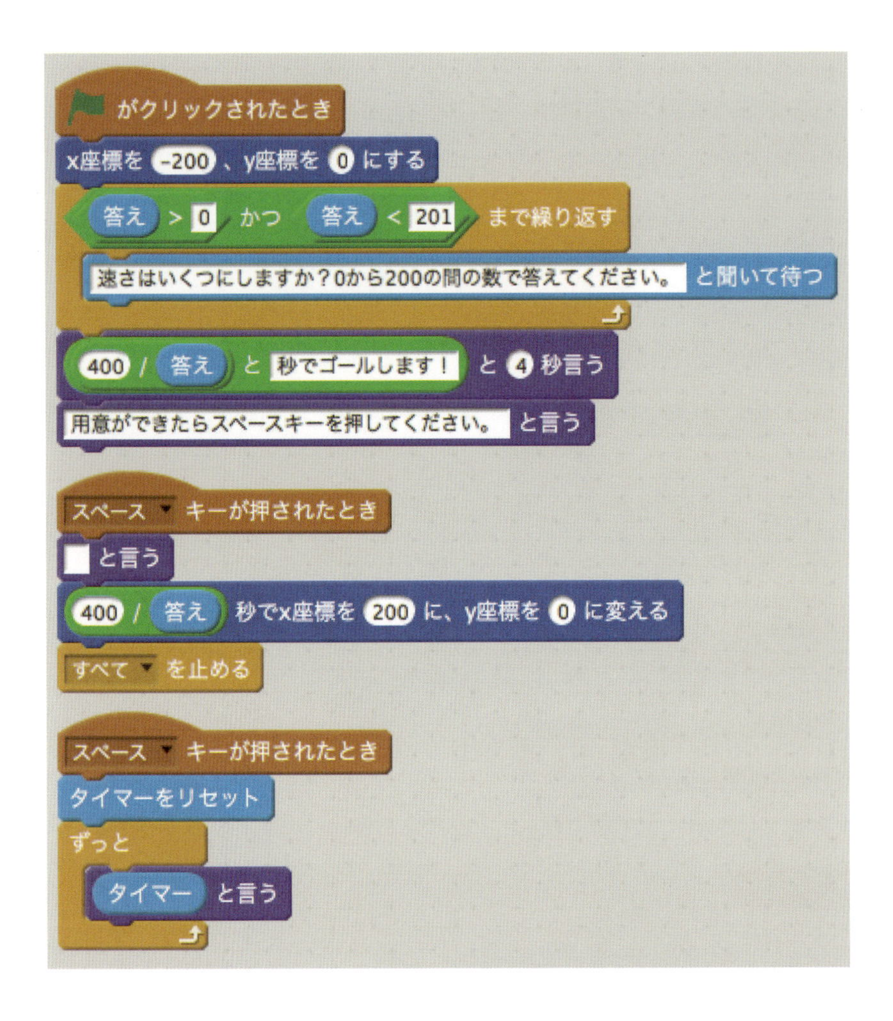

発展チャレンジ

ネコダッシュ！（別のやり方）

今度は左端から右端まで動くのに何秒かかるようにするかを質問して、同じようにネコをダッシュさせるプログラムを作りましょう。

次の図はサンプルプログラムです。自分でも試してみて、コードペディアのサンプルプログラムとの違いについてよく考えてみてください。

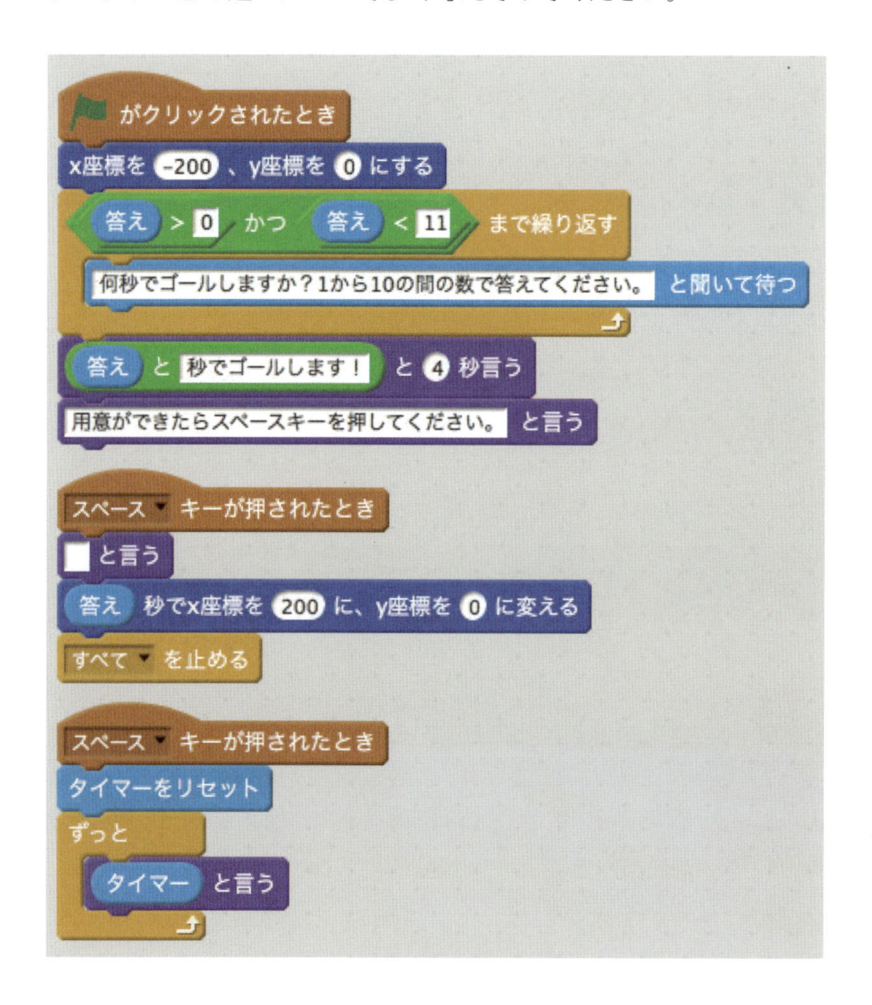

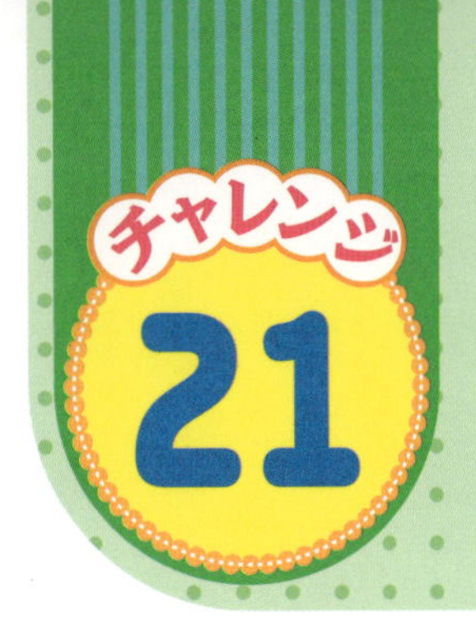

自由に正多角形を描きましょう

自由に正多角形を描きましょう。

- 変数の仕組みを使って正多角形を描きます。
- 正何角形を描きたいかは角の数を質問して決めます。

準備として2つの変数「角の数」、「辺の長さ」を用意しておきましょう。

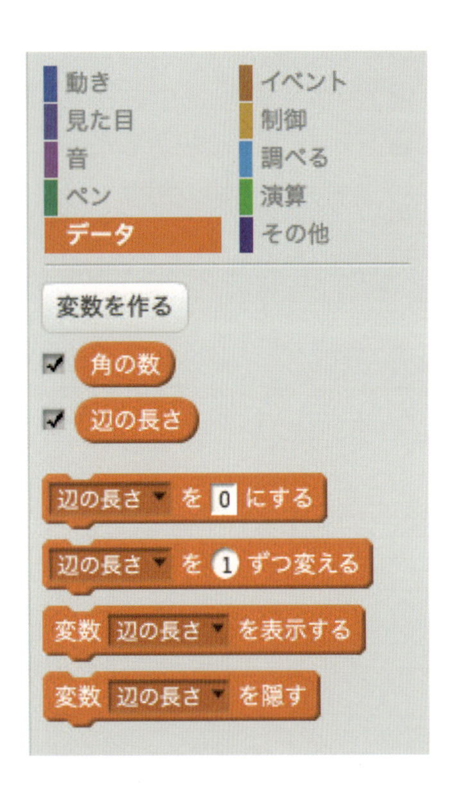

コードペディア

未完成のプログラムを次に示します。完成してチャレンジを解いてください。

```
がクリックされたとき
角の数は？ と聞いて待つ
角の数 を 答え にする
辺の長さは？ と聞いて待つ
辺の長さ を 答え にする
消す
ペンを上げる
x座標を -100 、y座標を -100 にする
ペンを下ろす
角の数 回繰り返す
  辺の長さ 歩動かす
  ↺ ( ) / 角の数 度回す
```

ヒント

これらの中のどれがチャレンジを解くプログラムでしょうか？

```
がクリックされたとき
角の数は？ と聞いて待つ
角の数 を 答え にする
辺の長さは？ と聞いて待つ
辺の長さ を 答え にする
消す
ペンを上げる
x座標を -100 、y座標を -100 にする
ペンを下ろす
角の数 回繰り返す
  辺の長さ 歩動かす
  ↺ 360 / 角の数 度回す
```

```
がクリックされたとき
角の数は？ と聞いて待つ
角の数 を 答え にする
辺の長さは？ と聞いて待つ
辺の長さ を 答え にする
消す
ペンを上げる
x座標を -100 、y座標を -100 にする
ペンを下ろす
角の数 回繰り返す
  辺の長さ 歩動かす
  ↺ 180 / 角の数 度回す
```

発展チャレンジ

正多角形を次々に自動的に描くプログラムを作りましょう。
正 3 角形から正 12 角形までを次々に自動的に描いてくれるプログラムを作ります。

- 変数「角の数」は 1 回ごとに 1 ずつ数を大きくする。
- 変数「辺の長さ」は 1 回ごとに 20 ずつ短くしていく。

次の図はサンプルプログラムです。自分でも動かしてみてどんなふうになるか見てみましょう。

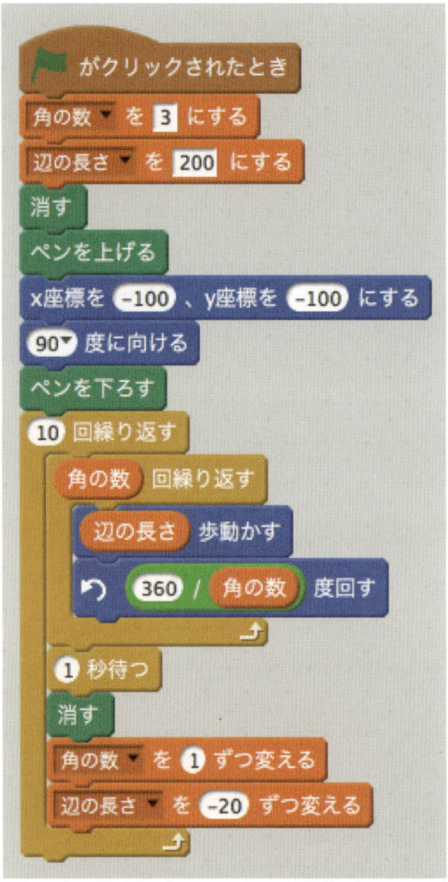

```
がクリックされたとき
角の数 を 3 にする
辺の長さ を 200 にする
消す
ペンを上げる
x座標を -100 、y座標を -100 にする
90 度に向ける
ペンを下ろす
10 回繰り返す
  角の数 回繰り返す
    辺の長さ 歩動かす
    ↶ 360 / 角の数 度回す
  1 秒待つ
  消す
  角の数 を 1 ずつ変える
  辺の長さ を -20 ずつ変える
```

キレイな巻貝を描きましょう

キレイな巻貝を描きましょう。

- 正三角形を少しずつ大きく、描き始めの向きを少しずつ変えていくとオウム貝のようなキレイな形を描くことができます。

準備として 2 つの変数「角度」、「辺の長さ」を用意しておきましょう。

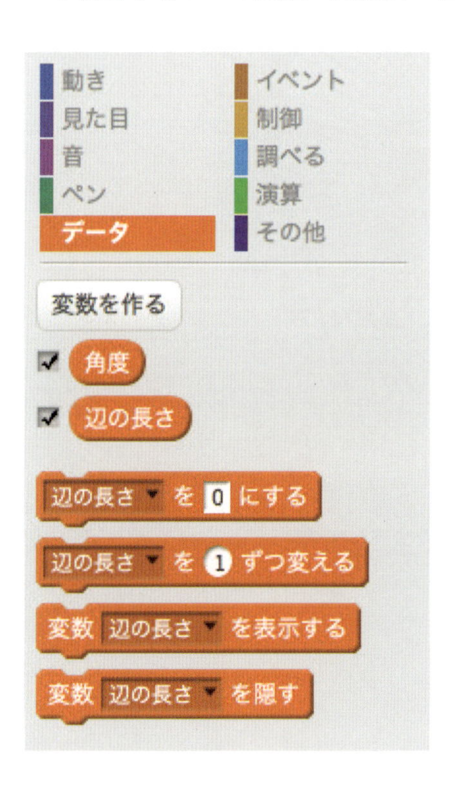

コードペディア

次の図はプログラムを動かした結果です。このような図形が描けるように自分で工夫してプログラムを作ってみましょう。

角度 7

辺の長さ 195

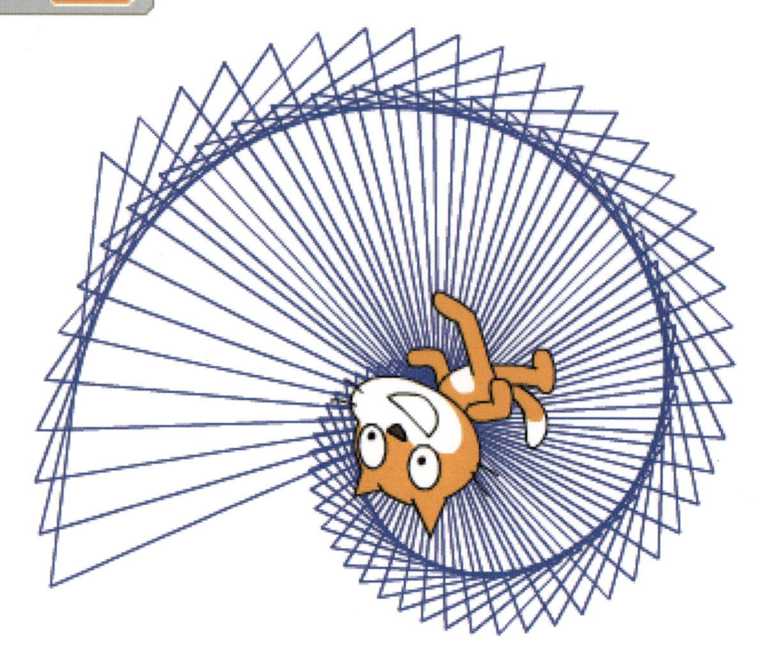

ヒント

これらの中のどれがチャレンジを解くプログラムでしょうか？

```
消す
ペンを上げる
x座標を 0 、y座標を -50 にする
0 度に向ける
ペンを下ろす
辺の長さ を 15 にする
角度 を 7 にする
60 回繰り返す
  3 回繰り返す
    辺の長さ 歩動かす
    ↺ 120 度回す
  辺の長さ を 3 ずつ変える
  ↺ 角度 度回す
```

```
消す
ペンを上げる
x座標を 0 、y座標を -50 にする
0 度に向ける
ペンを下ろす
辺の長さ を 15 にする
角度 を 7 にする
60 回繰り返す
  4 回繰り返す
    辺の長さ 歩動かす
    ↺ 90 度回す
  辺の長さ を 3 ずつ変える
  ↺ 角度 度回す
```

発展チャレンジ

次の図のような細密な図を描くには、どのように変数を増やしていけばよいでしょうか？

角度 7
辺の長さ 125

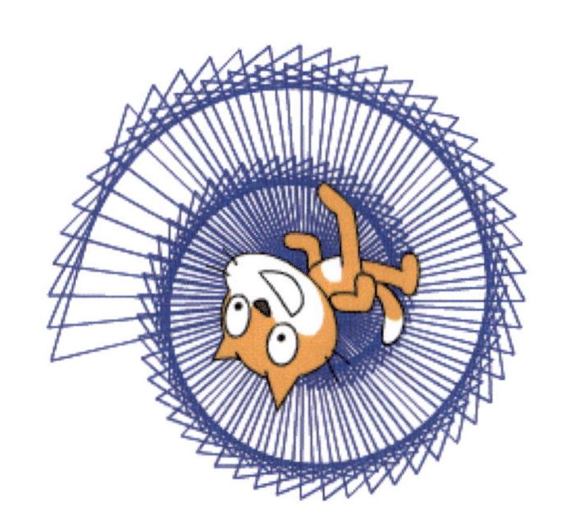

チャレンジ 22

未完成のプログラムを次に示します。空いているところにいろいろな数を置いて前の図のようにするにはどうしたらよいか見つけましょう。

オルゴールを作りましょう

オルゴールを作りましょう。

- 鳴らす音の高さをキーボードから次々に入力します。
- 入力が終わったところでネコをクリックすると演奏が始まります。
- 音色（楽器）や音の長さは自分の好みで決めましょう。

コードペディア

サンプルプログラムを次に示します。自分の知っている曲を入力して試してみましょう。

```
[旗]がクリックされたとき
ずっと
  音の高さは？ と聞いて待つ
  答え を 音の高さ▼ に追加する
↲

このスプライトがクリックされたとき
n▼ を 1 にする
楽器を 1▼ にする
音の高さ▼ の長さ 回繰り返す
  n 番目（ 音の高さ▼ ） の音符を 0.3 拍鳴らす
  n▼ を 1 ずつ変える
↲
```

チャレンジ 23

参考：「〜の音符を〜拍鳴らす」の命令を使って音を鳴らすときに、音の高さは次のようになります。ピアノの中央の「ド」が 60 となります。下に中央の「ド」より高い音の一部を示します。低い方の音も自分で調べておきましょう。

60：ド	61：ド #	62：レ	63：レ #	64：ミ	65：ファ
66：ファ #	67：ソ	68：ソ #	69：ラ	70：ラ #	71：シ
72：ド	73：ド #	74：レ	75：レ #	76：ミ	77：ファ
78：ファ #	79：ソ	80：ソ #	81：ラ	82：ラ #	83：シ

ヒント

このプログラムを作るためには準備として次のことをしておきましょう。

- 変数を一つ作ります。サンプルプログラムでは「n」という名前にしてあります。
- リストを一つ作ります。サンプルプログラムでは「音の高さ」という名前にしてあります。

次に示すのは、ベートーベンの「エリーゼのために」の最初の部分です。自分でもデータを入れて鳴らしてみましょう。

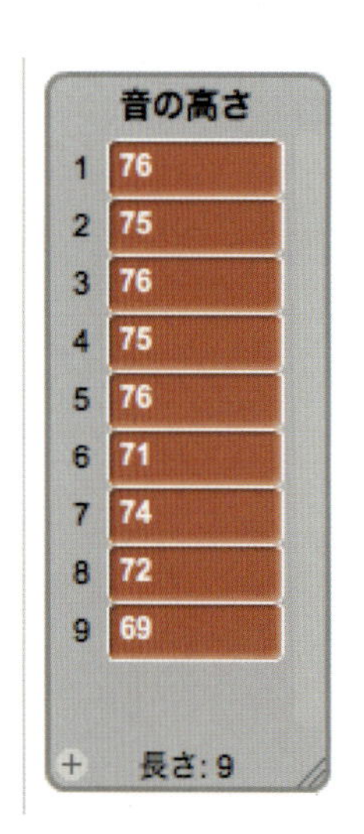

途中で入力するデータを間違えたとき、鳴らしてみてどこかデータがおかしいところを見つけた時は、全部のデータをもう一度入力しなくても下の命令を使えば間違えたところだけを直すことができます。

6▼ 番目（ 音の高さ ▼ ）を 71 で置き換える

曲を入れ替えたい時にはリストをいったんクリアする必要があります。その時は次のような命令を用意しておくと便利です。

発展チャレンジ

「エリーゼのために」の続きを演奏しようとすると、休符をいれなければなりません。休符を入れるためにどんな工夫をしたらよいでしょうか？

ヒント

サンプルプログラムを示します。どんなふうになるのか確かめてみましょう。このプログラムでは 32 分休符しか使えませんが、ほかの長さの休符も使えるようにするにはどうしたらよいでしょうか？　自分のアイデアでやってみましょう。

```
がクリックされたとき
ずっと
  音の高さは？ と聞いて待つ
  答え を 音の高さ に追加する

このスプライトがクリックされたとき
n を 1 にする
楽器を 1 にする
音の高さ の長さ 回繰り返す
  もし n 番目 ( 音の高さ ) = 000 なら
    0.3 拍休む
  でなければ
    n 番目 ( 音の高さ ) の音符を 0.3 拍鳴らす
  n を 1 ずつ変える
```

チャレンジ 23

参考：「エリーゼのために」の続きのデータを少しだけ紹介しておきます。インターネットでは無料の楽譜を見つけることもできるのでもっと先まで演奏できるように改良してみましょう。

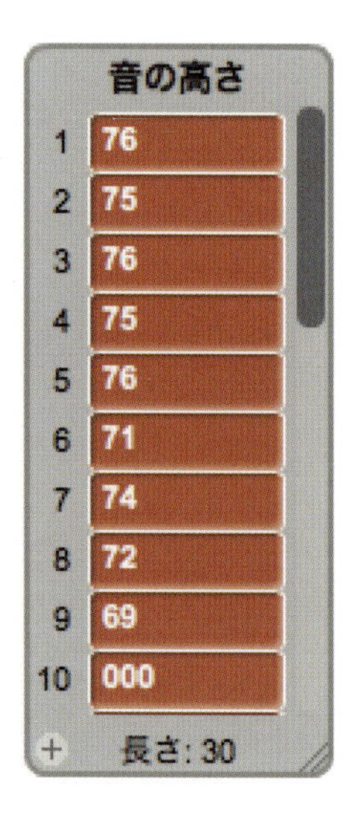

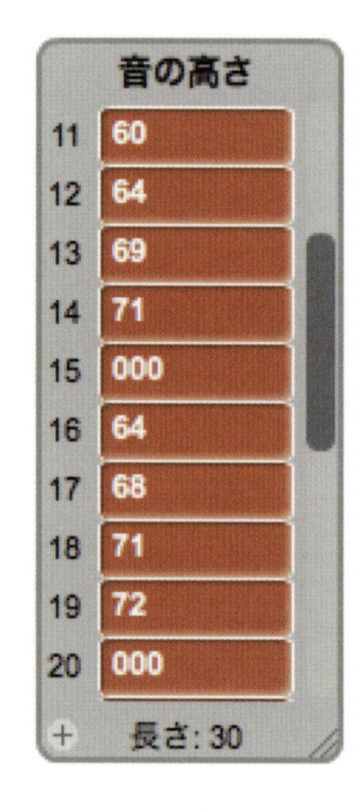

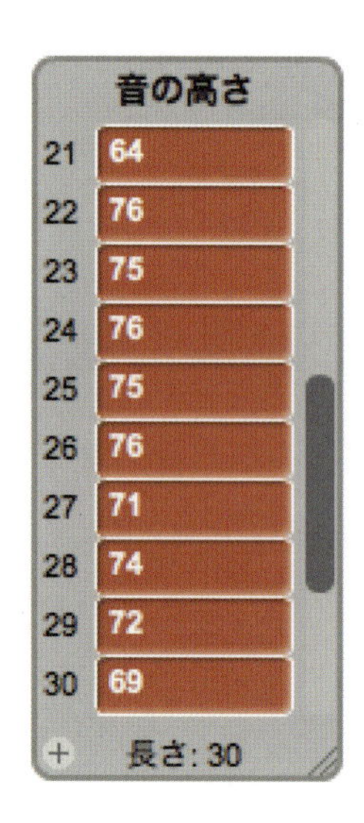

記憶ドリルを作りましょう

記憶ドリルを作りましょう。

- リストに格納されたデータを使って記憶ドリルを作ります。
- 例題として県名を出して、県庁所在地を当てるようにします。
- 正解、不正解がわかるようにメッセージを出します。

コードペディア

準備として、「県名」と「県庁所在地」の2つのリストを用意しておきましょう。2つのリストにはテスト用として10個程度のデータを入れておきます。また変数を1つ用意しておきます。サンプルプログラムでは「n」と名前をつけています。

	県名
1	北海道
2	青森
3	岩手
4	宮城
5	秋田
6	山形
7	福島
8	茨城
9	栃木
10	群馬
+	長さ: 10

	県庁所在地
1	札幌
2	青森
3	盛岡
4	仙台
5	秋田
6	山形
7	福島
8	水戸
9	宇都宮
10	前橋
+	長さ: 10

チャレンジ 24

サンプルプログラムを次に示します。

```
ずっと
  n を 1 から 10 までの乱数 にする
  (n 番目 ( 県名 )) と の県庁所在地は? と聞いて待つ
  もし 答え = (n 番目 ( 県庁所在地 )) なら
    正解! と 2 秒言う
  でなければ
    残念! と 2 秒言う
```

ヒント

リストにデータを入れるのに便利なプログラムも作っておきましょう。
データをいくつ入れたかも数えて「件数」という変数に入れるようにしてあります。自分でもどんなふうになるか確かめてみましょう。

```
🏁がクリックされたとき
件数 を 0 にする

スペース キーが押されたとき
県名は? と聞いて待つ
答え を 県名 に追加する
県庁所在地は と聞いて待つ
答え を 県庁所在地 に追加する
件数 を 1 ずつ変える

このスプライトがクリックされたとき
ずっと
  n を 1 から 件数 までの乱数 にする
  (n 番目 ( 県名 )) と の県庁所在地は? と聞いて待つ
  もし 答え = (n 番目 ( 県庁所在地 )) なら
    正解! と 2 秒言う
  でなければ
    残念! と 2 秒言う
```

発展チャレンジ

何問質問して、どれくらい正解したかがわかるようにしてみましょう。

次のサンプルプログラムでは、正答率を表示するようにしてあります。自分でも動かしてみてどんなふうになるか確かめてみましょう。記憶することがもっと楽しくなるような工夫がさらにできないか考えてやってみましょう。

```
(旗)がクリックされたとき
n を 0 にする
件数 を 0 にする
質問数 を 0 にする
正解数 を 0 にする

スペース キーが押されたとき
県名は？ と聞いて待つ
答え を 県名 に追加する
県庁所在地は と聞いて待つ
答え を 県庁所在地 に追加する
件数 を 1 ずつ変える

このスプライトがクリックされたとき
件数 を (県名 の長さ) にする
ずっと
  質問数 を 1 ずつ変える
  n を (1 から 件数 までの乱数) にする
  ((n 番目 ( 県名 )) と の県庁所在地は？) と聞いて待つ
  もし <答え = (n 番目 ( 県庁所在地 ))> なら
    正解！ と 2 秒言う
    正解数 を 1 ずつ変える
  でなければ
    残念！ と 2 秒言う
  正解率は と ((正解数 / 質問数) * 100 を四捨五入) と % と 2 秒言う
```

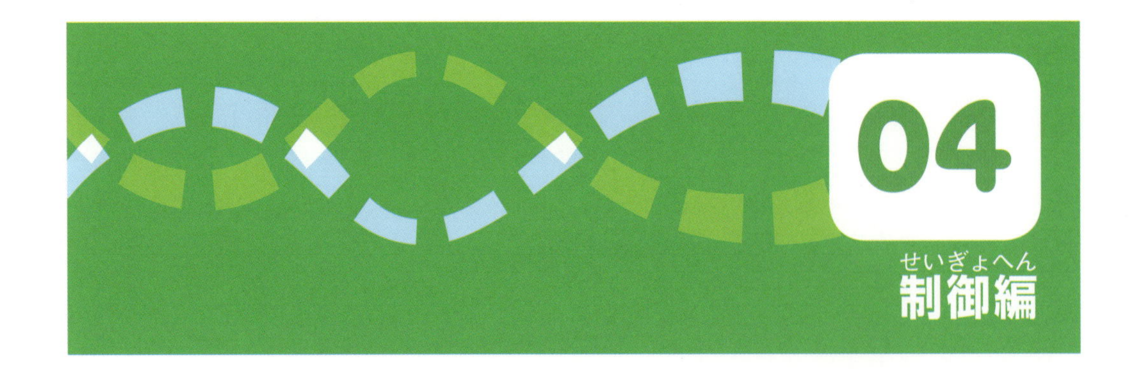

ここからのチャレンジには次のものが必要となります。

- スクラッチ 3.0 ベータ版
- BBC micro:bit

スクラッチ 3.0 ベータ版

スクラッチ 3.0 ベータ版はオンラインでのみ使用することができます。次の手順でアクセスできます。

（1）ウェブブラウザーで MIT スクラッチサイト（https://scratch.mit.edu）を開きます。
（2）画面に表示された「The Next Generation of Scratch」の下にある青いボタン「Try it!」をクリックします。

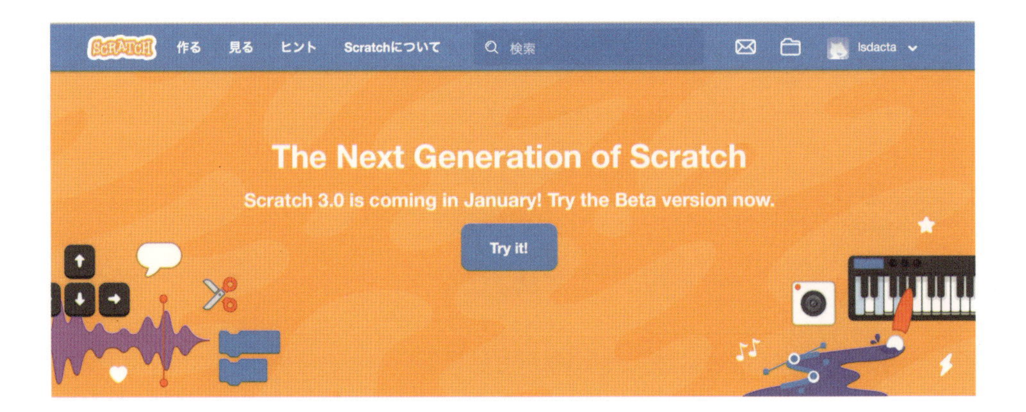

(3) 次に示す案内が現れるので、「試す」をクリックします。

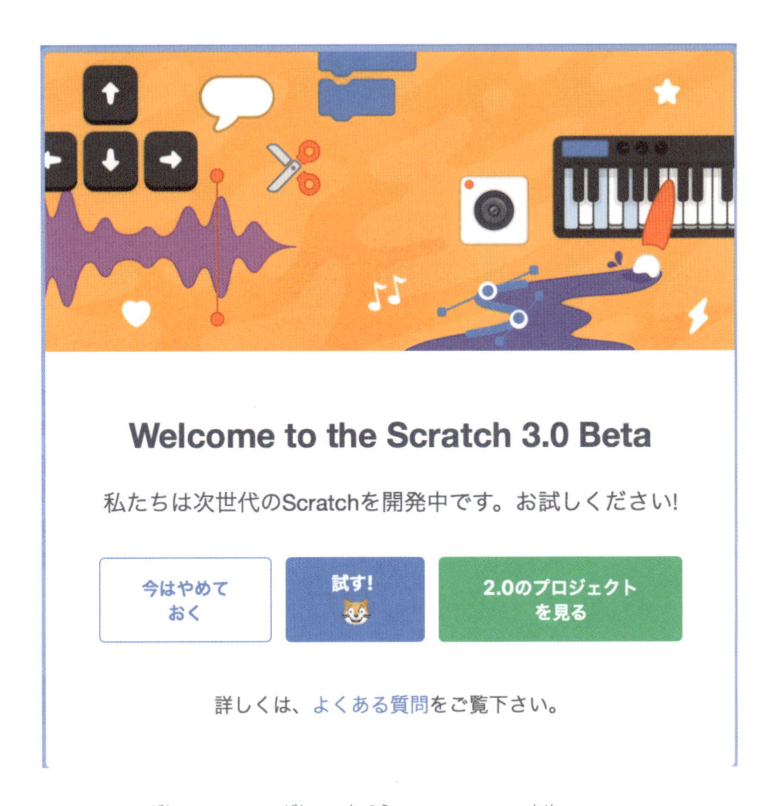

なお、ベータ版は、正式版の機能を前もって試せるように公開されているもので、2018 年 8 月の時点では正式版のすべての機能が使えるわけではありません。しかし、ここで紹介する micro:bit 対応機能は、正式版でもほぼ同様にサポートされるようです。スクラッチ 3.0 の正式版は、2019 年の 1 月に公開される予定です。

スクラッチで micro:bit を使えるようにするための準備

スクラッチ 3.0 ベータ版にアクセスすることができたら、次の手順で micro:bit を使うための拡張機能を使えるようにします。なお、micro:bit を使うためには USB ケーブルでパソコンにつなぐか、micro:bit 用の電池ボックスをつなぐかのどちらかを準備しておく必要があります。

① 画面の左下にある「＋」サインのついた青いアイコンをクリックします。

② 拡張機能のページが開くので、次に示す「micro:bit」のアイコンを見つけてクリックします。

③ スクラッチを micro:bit に接続するためには、スクラッチリンクというソフトが必要です。初めてスクラッチで micro:bit を使う時には、次に示す画面の「ヘルプ」をクリックしてスクラッチリンクをインストールしてください。

スクラッチリンクの画面が開いたら、Windows か Mac のどちらかを選んでダウンロードします。後は画面の指示に従ってスクラッチリンクをインストールしてください。

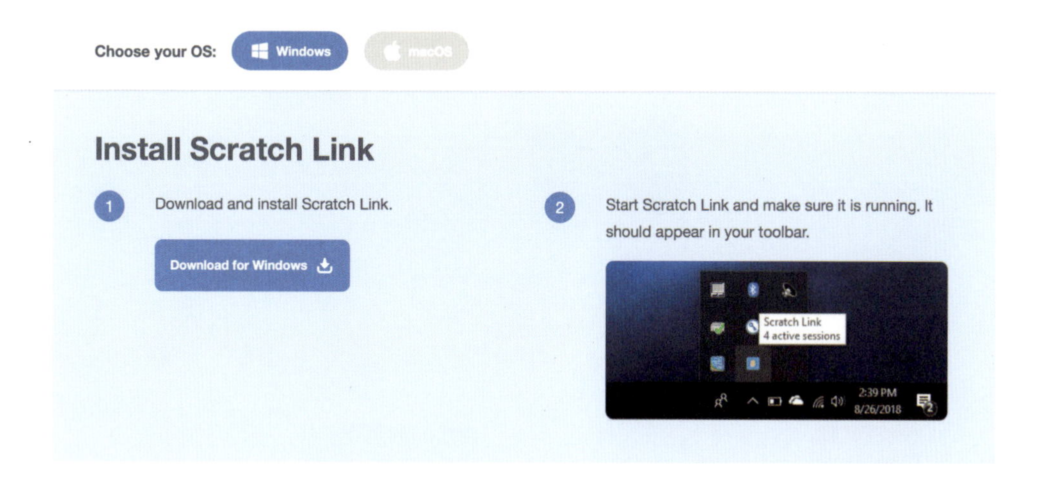

④ スクラッチリンクが動作していると、micro:bitを探してくれます。「接続する」ボタンをクリックして接続しましょう。

⑤ micro:bitがスクラッチに接続されると、次に示す画面が表示されます。「エディターへ行く」をクリックしてスクラッチの基本画面に戻りましょう。

⑥ 次に示すのは、機能拡張が完了して micro:bit がスクラッチから使えるようになったところです。命令カテゴリーの「作ったブロック」の下に「micro:bit」が追加されています。右側には追加された命令ブロックも表示されていることがわかります。

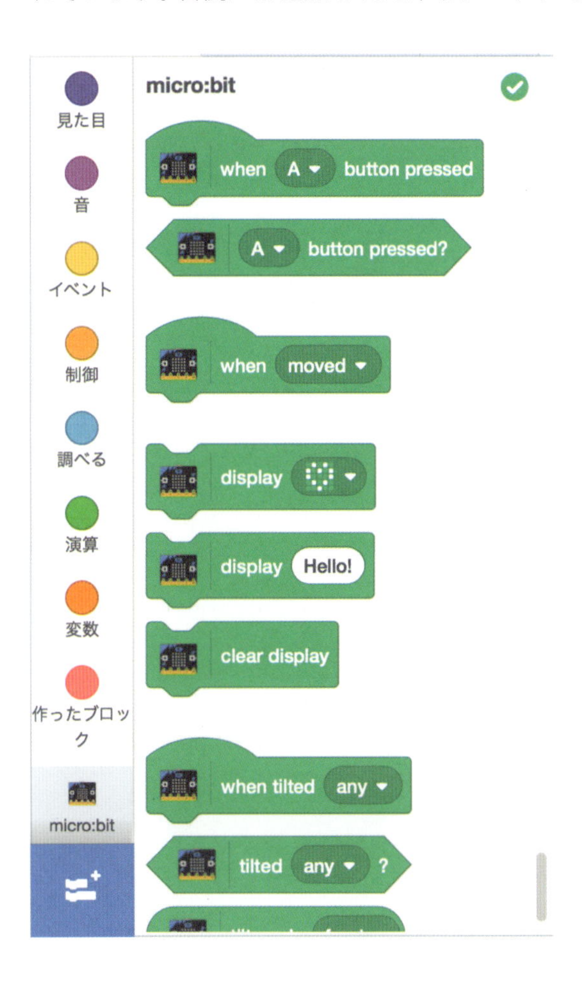

⑦ 通信状態を確認するには命令ブロックエリアの右上のサインを確認します。通信状態が良好なら緑色のチェックマークが表示されます。そうでなければ、オレンジ色の「！」マークが表示されます。

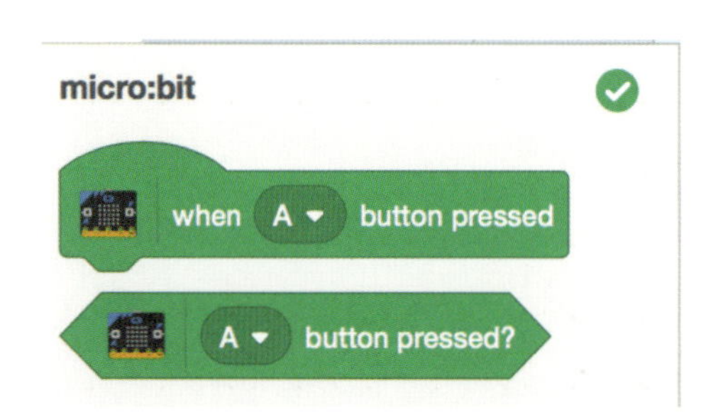

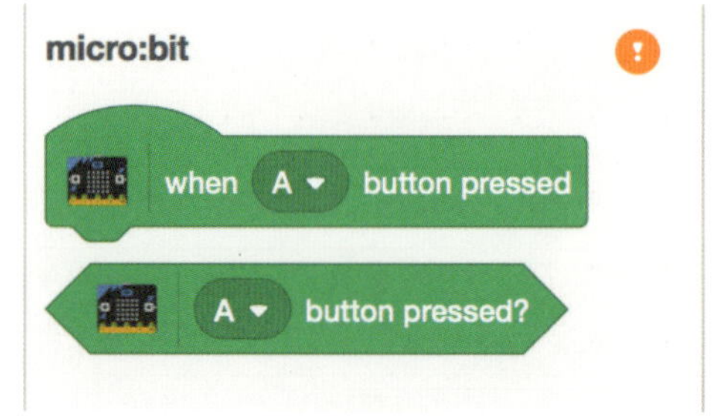

micro:bit にさわってみましょう

micro:bit は、ボタンを押したり、時間を計測したり、傾きを調べてスクラッチのプログラムをコントロールするために使えます。また LED を使って文字や絵を表示することもできます。

micro:bit を使うと、次の機能が使えるようになります（2018 年 8 月の時点では、※のついている機能はスクラッチ 3.0 ベータ版では使えません）。

- 一つずつ点けたり消したりできる 25 個の LED
- 2 個のボタン
- 光と温度のセンサー※
- 傾きセンサー
- 方位を知るための磁気センサー※
- micro:bit 同士で通信をするための無線通信※
- micro:bit とパソコンやスマホを接続するための Bluetooth

コードペディア

スクラッチから micro:bit の基本機能を使う方法を、いくつか次に示します。

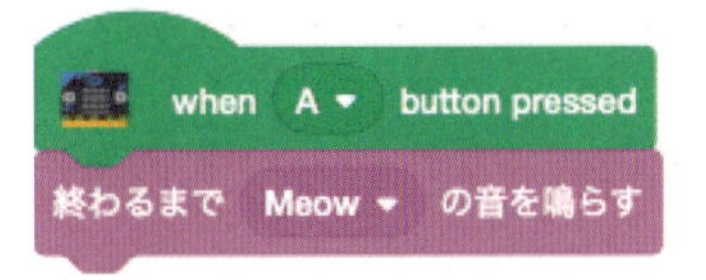

A ボタンを押したら「ミャー」を鳴らします。

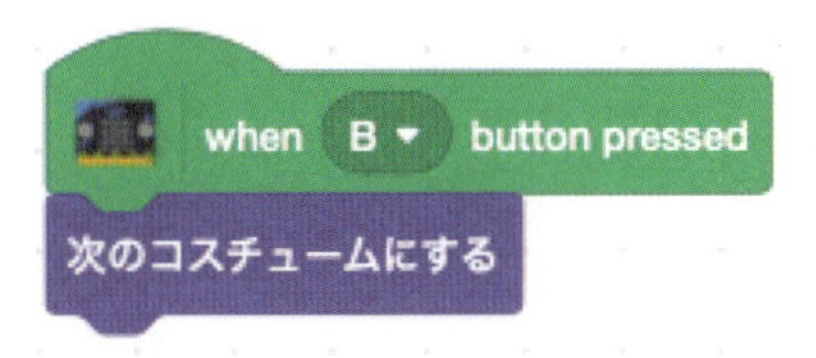

B ボタンを押したら次のコスチュームにします（押し続けるとアニメーションになります）。

チャレンジ 25

Aボタンか B ボタンのどちらかを押したら10 歩進みます。

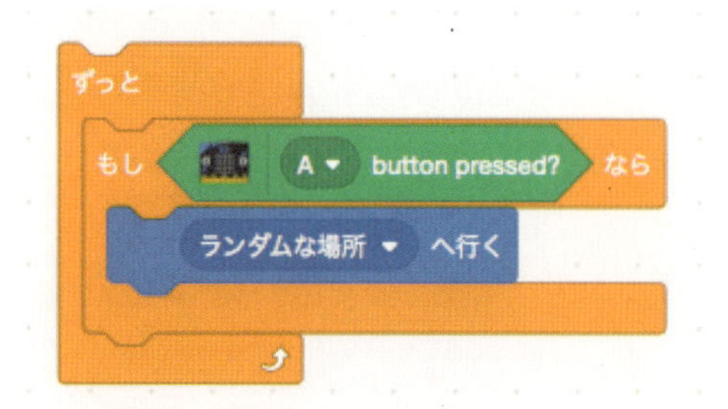

A ボタンが押されたら「ランダムな場所」(でたらめな場所）へ行きます。

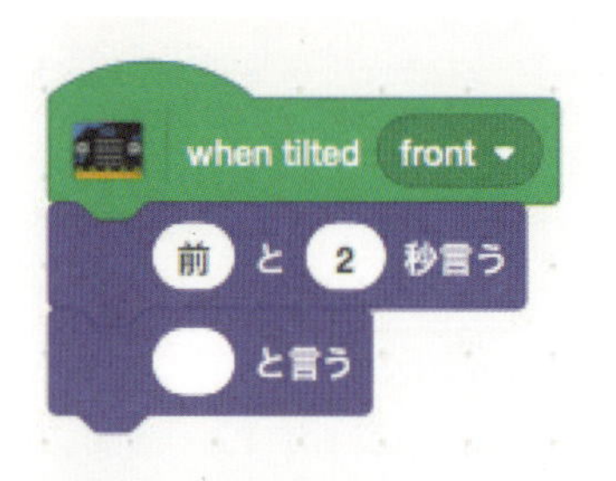

micro:bit が前方向（USB 接続端子のついている側）に傾いたら、「前」と吹き出しで 2 秒表示します。

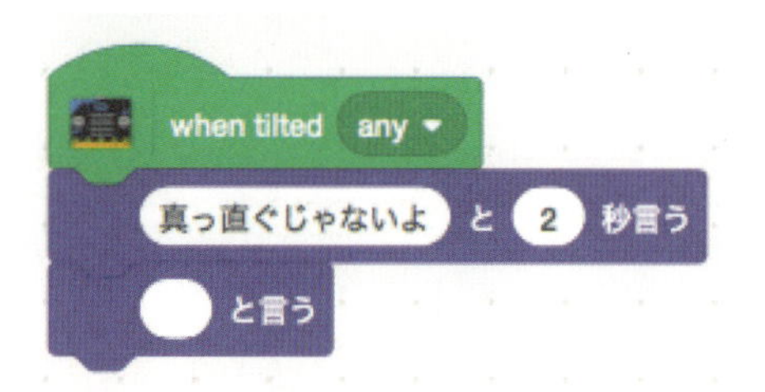

micro:bit がどちらかの方向に傾いていたら、「真っ直ぐじゃないよ」と吹き出しで 2 秒表示します。

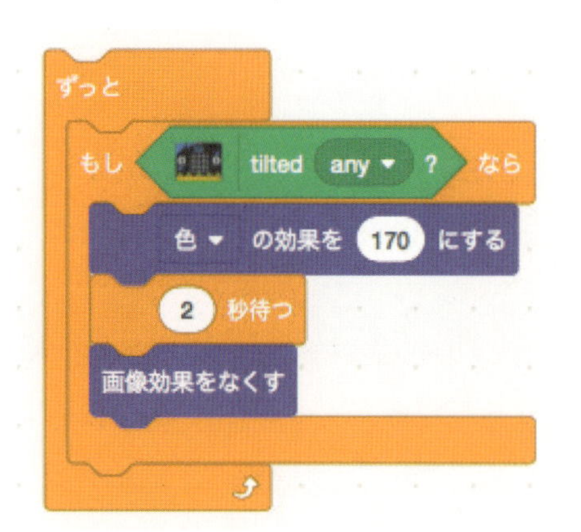

micro:bit がどちらかの方向に傾いたら、ネコの色を 2 秒だけ赤色にします。

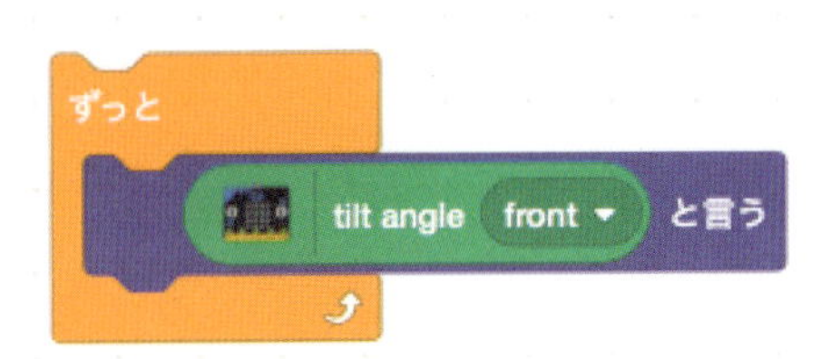

micro:bit が前方向（USB 接続端子のついている側）に何度傾いたかを吹き出しで表示します。

ヒント

これらのプログラムを実際に動かして、前後左右に傾けて数がどのように変わっていくかを確かめてみましょう。「0」は miro:bit が水平に保たれていてどちらの方向にも傾いていないことを示します。調べた結果を下の空欄に書き込みましょう。

front（前）　0 から ________ まで変わる
back（後）　0 から ________ まで変わる
left（左）　0 から ________ まで変わる
right（右）　0 から ________ まで変わる

micro:bit には 3 つの電極端子がついています。次のプログラムを動かすと、ワニロクリップコードなどを使って電流が流れると「ニャー」と鳴きます。

micro:bit を使うと楽しい電子工作を手軽に試すことができます。いろいろなアイデアが micro:bit のウェブサイトに紹介されています。

http://microbit.org/ja/

micro:bit でネコをコントロールしてみましょう

micro:bit でネコをコントロールしてみましょう。

- A ボタンを押すと右側に 1 歩動きます。
- B ボタンを押すと左側に 1 歩動きます。

コードペディア

未完成のプログラムを次に示します。完成させてネコを左右に動かせるようにしてください。

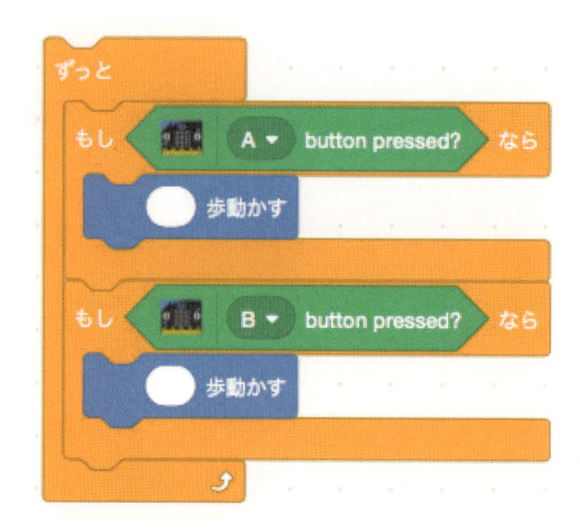

ヒント

ネコを左右に動かす時にはネコの向きも変えておきたいですね。サンプルプログラムですが未完成のものを次に示します。スクラッチの基本を思い出してプログラムを完成させてみましょう。

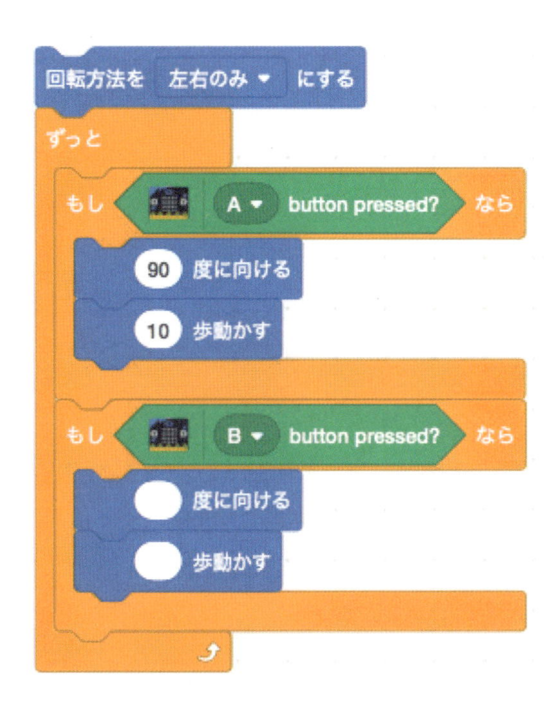

発展チャレンジ

micro:bit の傾きセンサーを使ってネコを上下左右に動しましょう。サンプルプログラムを次に示します。自分でアイデアを足してもっと面白い動きにしてみましょう。

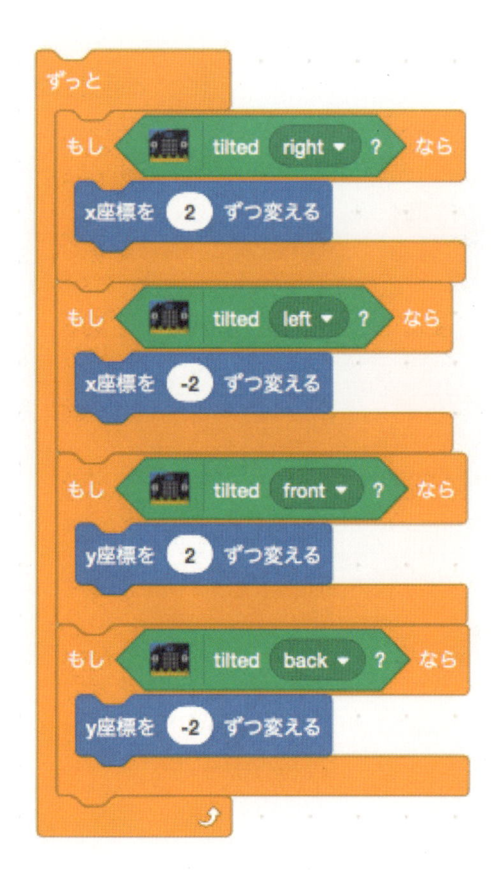

micro:bit でストップウォッチを作りましょう

micro:bit でストップウォッチを作りましょう。

- A ボタンを押すと、ストップウォッチを 0 秒にリセットして計測を始めます。
- B ボタンを押すと、計測した時間を表示します。

コードペディア

未完成のプログラムを次に示します。完成させて自分でもストップウォッチを動かしてみましょう。

このプログラムでは、一度 A ボタンを押したらもう一度 A ボタンを押すまで、ストップウォッチが動き続けます。その間に B ボタンを押せば、何度でもそこまでの時間を表示させることができます。実際に動かしてどんなふうになるか確かめてみましょう。

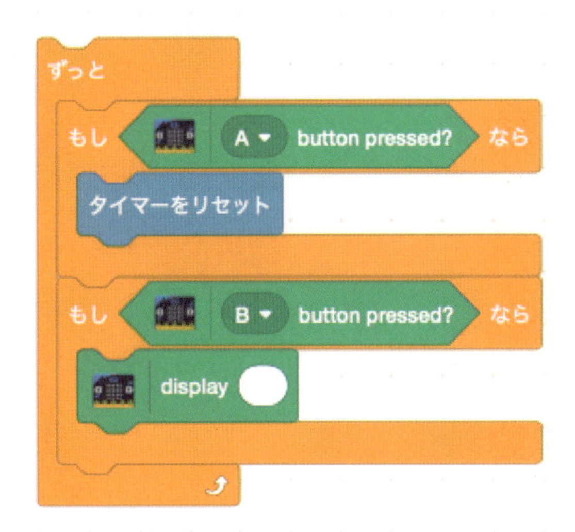

チャレンジ 27

ヒント

Aボタンが押された時に、それがわかるようにハートマークを表示させてみましょう。

サンプルプログラムを次に示します。ハートマークは自分で自由に変えることができます。25個のLEDを使ってどんなマークが描けるかいろいろ試してみましょう。

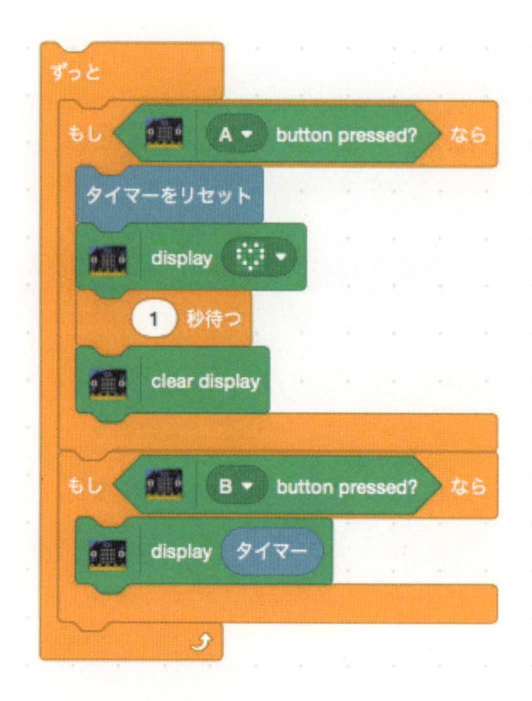

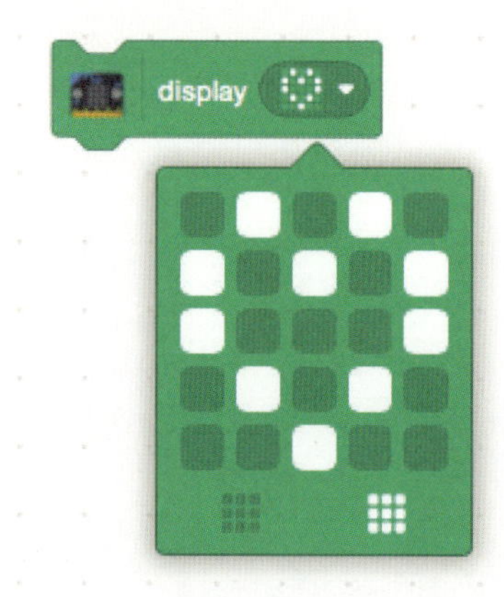

発展チャレンジ

ストップウォッチで計測したデータをリストに格納しておきましょう。

micro:bit は単体でも動きますが、無線で接続することで、スクラッチと連携して使うこともできます。ストップウォッチで計測したデータをリストに格納しておけば、後でデータを見て平均を求めたりすることもできます。

- B ボタンが押される度に、その時の時間をリストに追加します。
- micro:bit を振ると、リストをクリアします。

サンプルプログラムを次に示します。このプログラムでは、変数を 1 つ（名前：結果）、リストを 1 つ（名前：結果まとめ）を用意してあります。

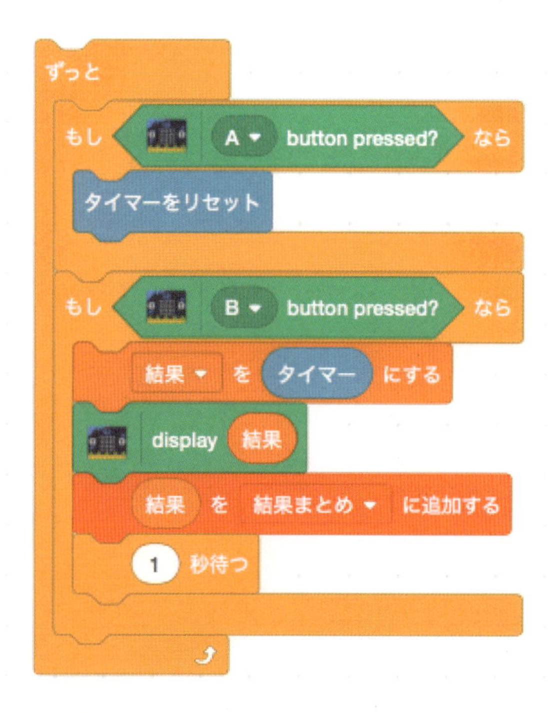

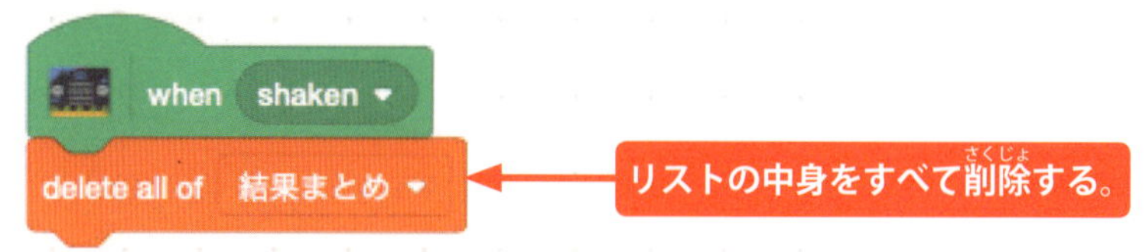

チャレンジ 27

このプログラムを動かすと、次に示すように毎回の計測結果がリストに追加されていきます。このリストの計測データから平均を計算して表示させるにはどうしたらよいでしょうか？

micro:bitでタイマーを作りましょう

micro:bitで、料理の時などに便利に使えるタイマーを作りましょう。

- 5秒間を測って知らせるタイマーを作ります。
- Aボタンを押すとタイマーが動き始めます。
- 5秒たったら「ハートマーク」を5秒表示して終了します。

コードペディア

未完成のプログラムを次に示します。完成させて自分でもタイマーを動かしてみましょう。

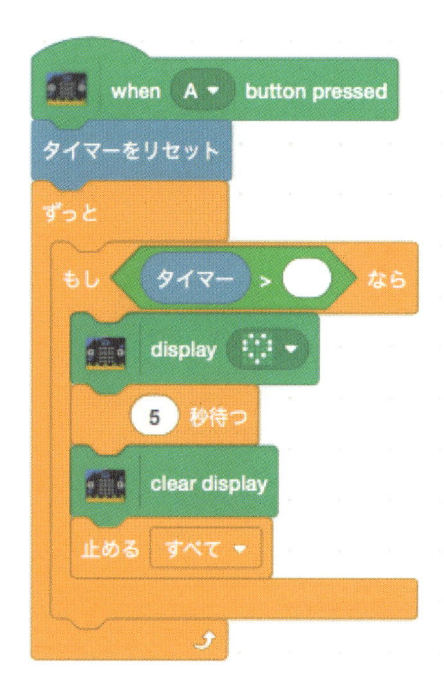

チャレンジ 28

ヒント

タイマーが動いている間、およそ1秒ごとにLEDを1つだけつけたり消したりして、動作中であることがわかるようにしてみましょう。

未完成のサンプルプログラムを次に示します。完成させて正しく動くか確かめてみてください。

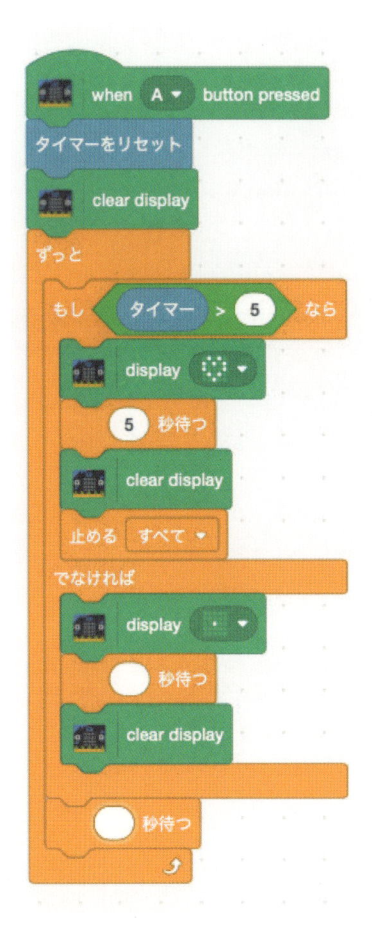

発展チャレンジ

何秒を測るタイマーにするか、ボタンを押す回数で決めるようにしてみましょう。

- A ボタンを押した回数を変数に格納しておきます。
- B ボタンを押すとタイマーをリセットしてスタートします。
- A ボタンを押した数だけの秒数が来たらそこまでの秒数を LED で表示して終了します。

サンプルプログラムを次に示します。このプログラムでは、変数を１つ（名前：n）用意しています。もっと使いやすいアラームにするための工夫はないでしょうか？　自分のアイデアを取り入れてどんどん改良してみましょう。

```
when shaken
  n を 0 にする
  display (heart)
  1 秒待つ
  clear display
  ずっと
    <A button pressed?> まで待つ
    n を 1 ずつ変える
    1 秒待つ

when B button pressed
  止める スプライトの他のスクリプト
  タイマーをリセット
  ずっと
    <(タイマー) > (n)> まで待つ
    display (タイマー)
    止める すべて
```

micro:bitで「記憶チャレンジ」ゲームを作りましょう

micro:bitを使って、簡単で面白いゲーム「記憶チャレンジ」を作りましょう。

- micro:bitを振ってゲームを始めます。
- LEDを使って「→」と「←」を0.5秒ごとに表示します。
- 「→」と「←」それぞれを表示する回数は、乱数を使ってでたらめに決めて予想できないようにします。
- プレイヤーは「→」と「←」がどのような順番で表示されたかをすべて記憶します。
- 「→」と「←」の表示が終わったら、プレイヤーはAボタン（「→」）とBボタン（「←」）を使って記憶したとおりに押します。
- 押し終わったらスコアを5秒間表示します。

コードペディア

サンプルプログラムを次に示します。このプログラムのために、3つの変数（向き、回答数、正解数）と1つのリスト（順番）を用意しました。

```
when shaken
delete all of 順番
回答数 を 0 にする
正解数 を 0 にする
10 回繰り返す
    向き を 1 から 2 までの乱数 にする
    向き を 順番 に追加する
    もし 向き = 1 なら
        display
        1 秒待つ
        clear display
        1 秒待つ
    でなければ
        display
        1 秒待つ
        clear display
        1 秒待つ
clear display
回答数 = 順番 の長さ まで繰り返す
    0.5 秒待つ
    any button pressed? まで待つ
    回答数 を 1 ずつ変える
    もし 順番 の 回答数 番目 = 1 なら
        もし B button pressed? なら
            正解数 を 1 ずつ変える
            0.5 秒待つ
    もし 順番 の 回答数 番目 = 2 なら
        もし A button pressed? なら
            正解数 を 1 ずつ変える
            0.5 秒待つ
display 正解数 / 順番 の長さ * 100 と %
止める すべて
```

発展チャレンジ

「記憶チャレンジ」が次第に難しくなるように改良しましょう。

- 最初は問題数 3 問から始めます。
- 5 回繰り返して、毎回問題数を 2 つずつ増やします。
- 「問題数」という変数を 1 つ追加して、問題数を増やすしくみを作ります。

改良したサンプルプログラムの一部を次に示します。ほかにも変更が必要な場所があります。動くようになるまで自分で研究してみましょう。

```
when shaken
  問題数 を 1 にする
  5 回繰り返す
    delete all of 順番
    回答数 を 0 にする
    正解数 を 0 にする
    問題数 を 2 ずつ変える
    問題数 回繰り返す
      向き を 1 から 2 までの乱数 にする
      向き を 順番 に追加する
      もし 向き = 1 なら
        display
        1 秒待つ
        clear display
        1 秒待つ
      でなければ
        display
        1 秒待つ
        clear display
        1 秒待つ
```

デジタルメトロノームを作りましょう

楽器の練習などをする時、メトロノームがあると便利ですね。micro:bit を使って自分でデジタルメトロノームを作ってみましょう。

メトロノームのしくみは、例えば目盛りを 100 に合わせると 1 分間に 100 回の拍を打つというものです。

スクラッチと micro:bit でメトロノームを作る時には、LED を使って 1 拍をおよそどのくらいの秒数でならせばよいかという計算が必要となります。

目盛り 100 の場合なら、60（秒）÷ 100（拍）（1 分間）= 0.6（秒 / 拍）となり、およそ 0.6 秒ごとに LED を光らせれば、目盛り 100 の時のメトロノームと同じように時を刻んでくれます。

コードペディア

未完成のプログラムを次に示します。完成させて自分でもメトロノームを動かしてみましょう。プログラムを完成させると、指定したテンポの通りの間隔（秒数）で LED が点いたり消えたりします。

```
テンポ ▾ を (60) / (100) にする
ずっと
  もし <any ▾ button pressed?> なら
    止める すべて ▾
  でなければ
    display [⁜ ▾]
    ( ) 秒待つ
    clear display
    ( ) 秒待つ
```

チャレンジ 30

このプログラムのために変数を１つ（テンポ）作ってあります。

ヒント

LED 模様は自分で自由に描くことができます。メトロノームとして使うのに邪魔にならないデザインを自分で考えてみましょう。さらに、パソコンと一緒に使う場合なら LED の光に加えて音を出すこともできます。どんなふうにしたらできるか自分でやってみましょう。

注意：スクラッチ 3.0 ベータ版の音を鳴らす命令の多くは、拡張命令に収められています。micro:bit と同じようにして音命令を加えてみましょう。次のような手順となります。

（1）画面左下の「＋」サインをクリックして機能拡張画面を開きます。

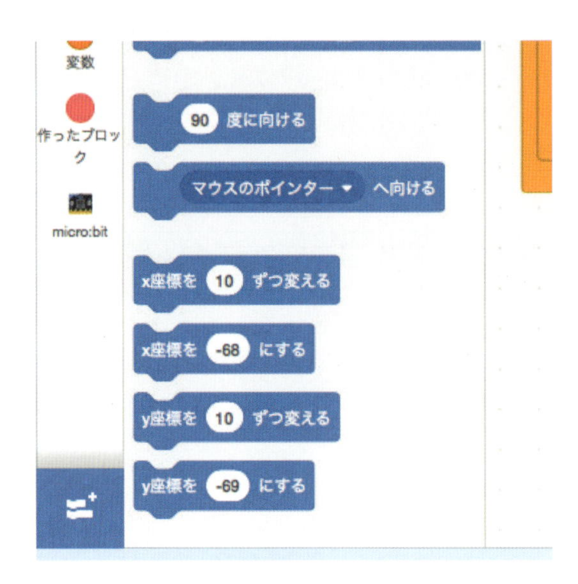

(2) 機能拡張画面で「音楽」を選びます。

(3) 命令カテゴリーに「音楽」が追加されて、音楽関連の命令ブロックが使えるようになりました。

発展チャレンジ

4拍目がわかるように改良しましょう。

本物のメトロノームは2拍ごと、3拍ごと、4拍ごとなどに鐘の音を鳴らす機能がついています。micro:bit 単体で使う時は音を出すことができませんので、鐘の音の代わりに別の LED パターンを表示するよう改良してみましょう。

次に示すのは、改良したサンプルプログラムの一部です。あなたのアイデアでもっと使いやすいメトロノームに改良してください！

```
when shaken
テンポ を 60 / 100 にする
ずっと
  もし any button pressed? なら
    clear display
    止める すべて
  でなければ
    もし 拍数 = 4 なら
      display (pattern)
      テンポ 秒待つ
      clear display
      テンポ 秒待つ
      拍数 を 1 にする
    でなければ
      display (pattern)
      テンポ 秒待つ
      clear display
      テンポ 秒待つ
      拍数 を 1 ずつ変える
```

付録

スクラッチ画像エディタ入門

― 自分だけのキャラクターでスクラッチを楽しもう！

スクラッチでは、自分で新しくキャラクターを作って使うこともできます。新しいスプライトの右側に並んだアイコンのうち、赤く丸で囲んだ筆のマーク（新しいスプライトを描く）を選んでみましょう。

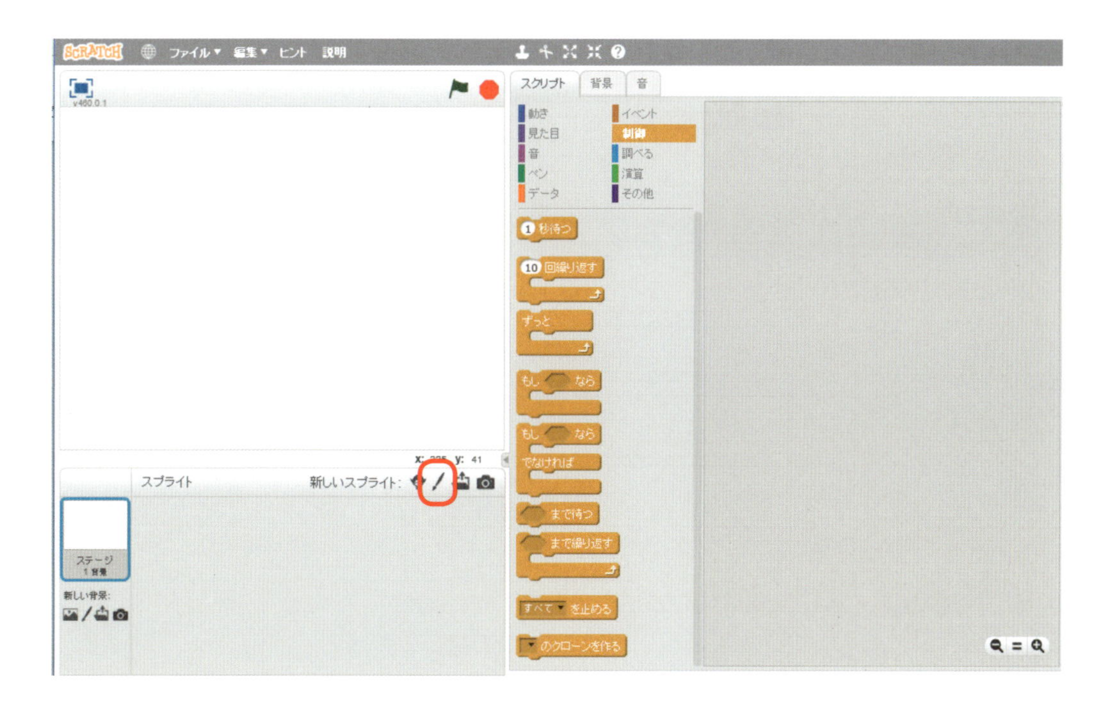

すると、右側の画面が新しいコスチュームを作る画面にかわります。ここでは丸や四角、線を使って、簡単にキャラクターを描いてみましょう。画面の右下にある「ベクターに変換」ボタンを押してください。

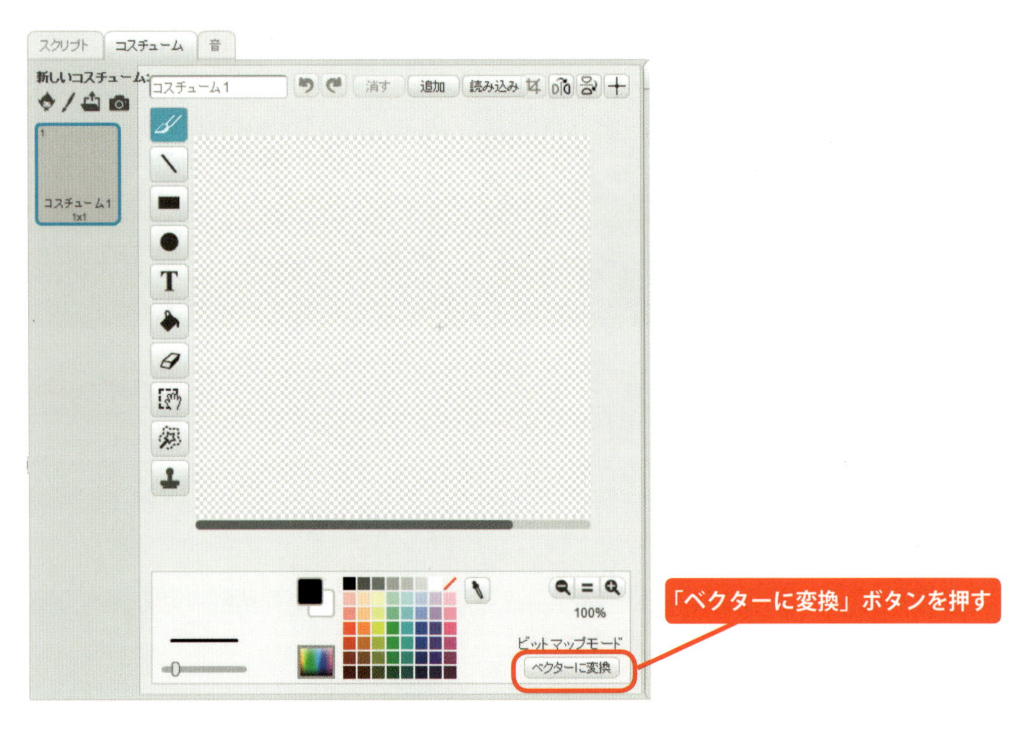

右側にツールバーが表示されるようになったら、ベクターモードになっています。

それでは、クマを描いてみましょう。ツールバーの真ん中にある「だ円」のボタン（ ）を押すと丸が描けるようになります。

画面上でクリックしながらマウスを動かして、クマの顔になる円を描いてみましょう。それが描けたら次は耳を描きます。この時、耳の位置がおかしくても描いた丸は後から移動することができるので気にせずに描きましょう。

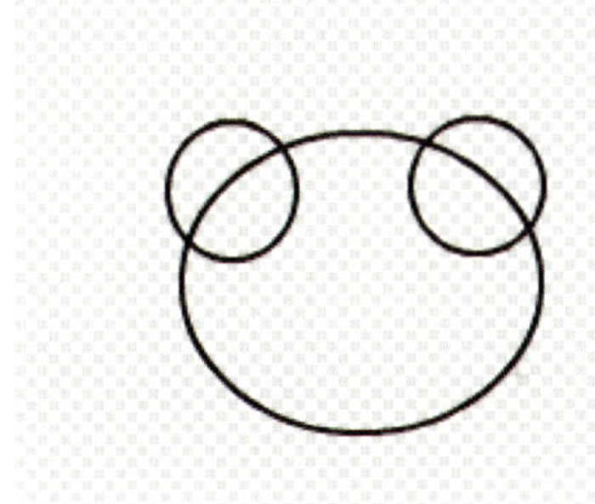

クマの顔と耳は描けましたが、色が欲しいですね。そのときは、「図形の色」のボタン（ ）を押してみましょう。すると次のようなパレットが現れるので、好きな色をクリックして選びましょう。

今回は茶色を選んでみます。先ほどのクマの顔や耳にカーソルを合わせ、クリックをすると簡単に色をつけることができました。

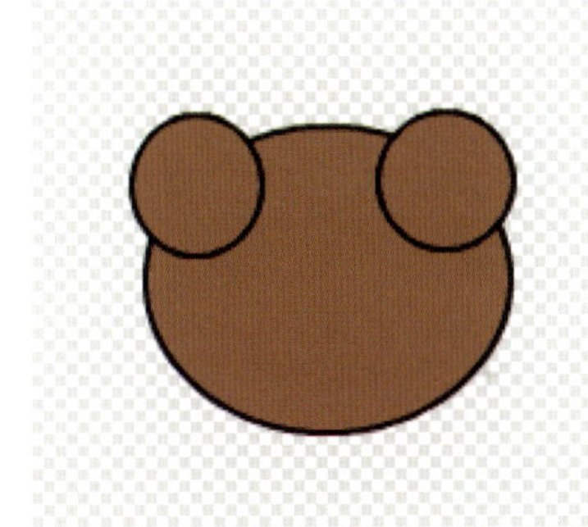

しかし、このままではクマの耳がへんですね。

ツールバーの中の「選択」ボタン（　）をクリックすると、描いた図形を選ぶことができるようになります。

描いた丸のうち一番大きな丸を一度クリックすると、右側のツールバーに「レイヤーをあげる」ボタン（　）が現れるので、2回クリックしましょう。

顔の部分になる一番大きな丸が一番上になり、クマっぽく見えてきました。

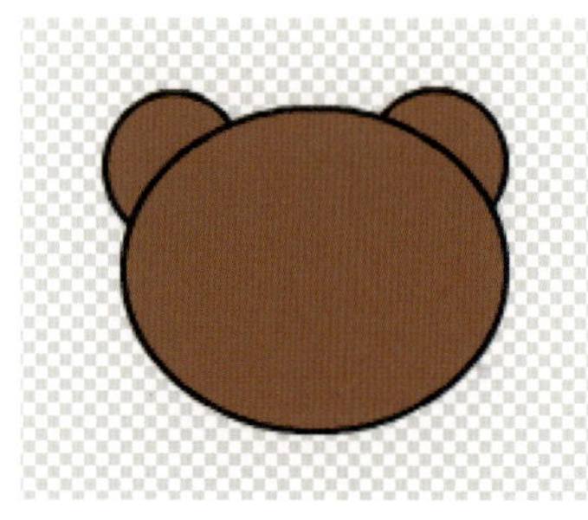

次にクマの目や鼻や口を描いていきましょう！　顔を描いた時のように、「だ円」のボタン（　）をクリックして目と鼻を丸で描きましょう。この時、パレットの左隣の線と塗り（　）を右の「塗り」にしておくと楽になります。

目と鼻はうまく描けましたか？　口を描くときは、パレットから赤を選んで描いてみましょう。口が描けたら、顔の完成です。

顔が完成したら、顔の全体をドラッグして、選択します。すると、「グループ」ボタン（　）が現れるので、グループでひとつにまとめておきます。

簡単に体も作ってみましょう。体も丸だけで作ることができます。丸を二つ重なるように描きます。下の丸は茶色に、上の丸は白で塗りましょう。

手足もだ円で描いていきます。描いた図形は回したり動かしたりすることができます。回したい図形を選ぶと、4枚目の画像のように小さな四角と丸が表示されます。

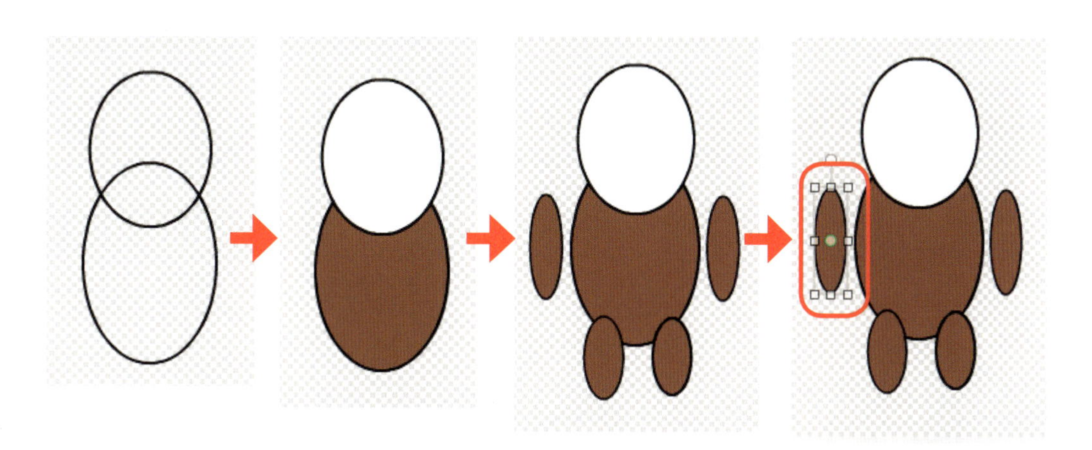

赤枠で囲んだ中の丸をクリックしたまま動かすと、図形を回すことができます。腕の位置や向きを調節してみましょう。

腕の向きや位置、足の位置を調節したら、体全体をドラッグします。すると、「グループ」ボタン（ ）が現れるので、顔の時と同じようにグループでひとつにまとめます。

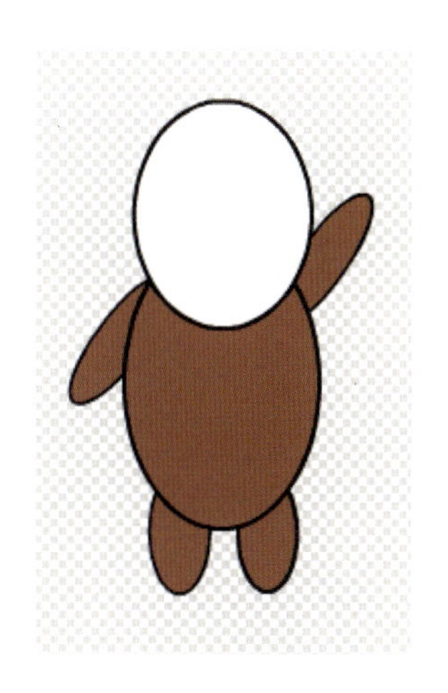

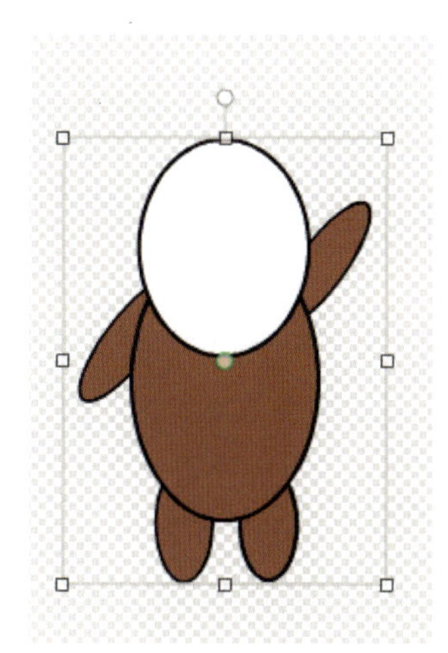

グループでまとめると、一つ一つのパーツがバラバラにならずに移動や回転ができるようになります。

先ほど作った顔を体に重ねましょう。顔が体の下になる場合は、顔を選んで（ ）ボタンで顔を上に持っていきましょう。

クマが完成しましたね！
完成したら、クマを画面の中心に合わせたいので、右上の「コスチュームの中心を設定」ボタン（ ）を押します。画面上に十字が現れるので、作ったキャラクターの真ん中だと思うところをクリックしてください。すると、キャラクターが中心に移動します。

ほかにはどんなキャラクターが描けるでしょうか？

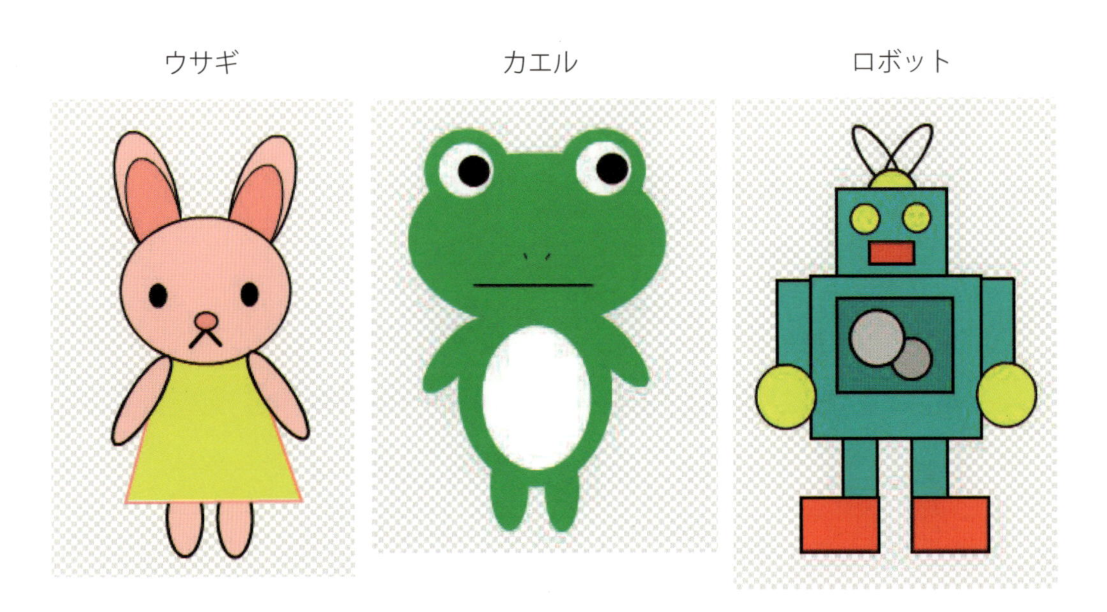

ウサギやカエル、ロボットの詳しい描き方や、キャラクターを描くコツはホームページにも載せています。

『自分だけのキャラクターでスクラッチを楽しもう！』
http://hws123.wp.xdomain.jp/scratch/

索引

■ 著者プロフィール

石原 正雄（いしはら・まさお）

思考を対象化、操作可能化して「思考について思考する」ことを提唱した教育思想コンストラクショニズムにもとづく教育実践と研究が主要な関心事。コンストラクショニズム応用分野としてのプログラミング教育での著作に「スクラッチ 2.0 アイデアブック（カットシステム刊）」などがある。

■ 協力（グラフィックエディタ解説／イラストレーション）

HAUNT WORKS STUDIO ／原本 優莉（はらもと・ゆり）

大学在学中にデザイン業界を志し、2015 年にクロスデザインスクールに入学。
卒業後はデザイン関係の仕事に就き、2018 年 2 月にデザイナーとして独立。
HAUNT WORKS STUDIO ／ http://hws123.wp.xdomain.jp/

スクラッチ ドリルブック
作って学ぶ実践プログラミング練習帳

2018年9月10日　　初版第1刷発行

著　者　石原 正雄
協　力　原本 優莉
発行人　石塚 勝敏
発　行　株式会社 カットシステム
〒169-0073 東京都新宿区百人町4-9-7　新宿ユーエストビル8F
TEL (03)5348-3850　　FAX (03)5348-3851
URL　http://www.cutt.co.jp/
振替　00130-6-17174
印　刷　シナノ書籍印刷 株式会社

本書に関するご意見、ご質問は小社出版部宛まで文書か、sales@cutt.co.jp 宛に e-mail でお送りください。電話によるお問い合わせはご遠慮ください。また、本書の内容を超えるご質問にはお答えできませんので、あらかじめご了承ください。

Cover design Y.Yamaguchi

Printed in Japan　ISBN978-4-87783-403-6